Grit Schmitz

Kraftstoffkonsum und CO2-Ausstoß auf Amerikas Straßen

Wirtschaftspolitische Möglichkeiten zur Kraftstoffreduktion im amerikanischen Transportsektor

Diplomica® Verlag GmbH

Schmitz, Grit: Kraftstoffkonsum und CO2-Ausstoß auf Amerikas Straßen. Wirtschaftspolitische Möglichkeiten zur Kraftstoffreduktion im amerikanischen Transportsektor, Hamburg, Diplomica Verlag GmbH 2010

ISBN: 978-3-8366-9322-6
Druck: Diplomica® Verlag GmbH, Hamburg, 2010

Bibliografische Information der Deutschen Nationalbibliothek:
Die Deutsche Nationalbibliothek verzeichnet diese Publikation in der Deutschen Nationalbibliografie; detaillierte bibliografische Daten sind im Internet über http://dnb.d-nb.de abrufbar.

Die digitale Ausgabe (eBook-Ausgabe) dieses Titels trägt die ISBN 978-3-8366-4322-1 und kann über den Handel oder den Verlag bezogen werden.

LITERATURVERZEICHNIS

Abkürzungs- und Fremdwörterverzeichnis

Barrel	Volumenmaß; Äquivalent zu 159 Liter
BIP	Bruttoinlandsprodukt
CAFE	Corporate Average Fuel Economy
CO_2	Kohlenstoffdioxid
CPI-U	Consumer Price Index – All Urban Consumers
DEFRA	Department of Environment, Food and Rural Affairs
EISAct	Energy Independence and Security Act 2007
EW	Equity Weighting
FUND	Climate Framework for Uncertainty, Negotiation and Distribution
Gallone	Volumenmaß; Äquivalent zu 3,78 Liter
Kg	Kilogramm
KLW	Kleinlastwagen
LKW	Lastkraftwagen
Meile	Längenmaß; Äquivalent zu 1,6 Kilometer
MPG	Meilen pro Gallone; Maß für Kraftstoffwirtschaftlichkeit
NHTSA	National Highway Traffic Safety Administration
OECD	Organisation for Economic Co-Operation and Development
Off-Road	geländegängig
OPEC	Organization of Petroleum Exporting Countries
Pfund	Gewichtsmaß; Äquivalent zu 0,45 Kilogramm
PKW	Personenkraftwagen
SUV	Sports Utility Vehicle
USD	US Dollar
VMT	Vehicle Miles Travelled, gefahrene Meilen pro Kraftfahrzeug

Abbildungsverzeichnis

Tabellenverzeichnis

1. Einleitung

1.1 Hintergrund der Fragestellung

Erdöl ist ein knapper Rohstoff, der früher oder später erschöpft sein wird.[1] Die USA, sowie viele andere Nationen, unternehmen daher verstärkte Anstrengungen, die Entwicklung erneuerbarer Energien voranzutreiben bzw. mit derzeit genutzten Energien sparsamer umzugehen. (Albright & et al, 2006) Primäres Ziel ist eine zunehmende Unabhängigkeit vom Energieträger Erdöl zu erlangen, dessen Verfügbarkeit in den nächsten Jahren nicht nur abnehmen, sondern dessen Preis gleichzeitig steigen wird.[2] Darüber hinaus treibt die Verbrennung fossiler Rohstoffe wie Erdöl die Erderwärmung voran, mit zunehmend negativen Auswirkungen für Mensch und Natur. Eine Reduzierung des Erdölkonsums kann somit nicht nur die Abhängigkeit von einem knappen Rohstoff, sondern auch die fortschreitende Erderwärmung einschränken, indem der Ausstoß von Kohlenstoffdioxid (CO_2) verringert wird.

Erneuerbare Energien zu erforschen, zu entwickeln und mit ihnen einen Großteil des Energiebedarfs zu decken, ist jedoch ein langwieriger und teurer Prozess. Besonders im amerikanischen Transportsektor[3] - und der steht im Mittelpunkt dieser Studie - ist es bis heute nur gelungen, eine verschwindend kleine Anzahl von Fahrzeugen, ca. 0,3% oder 700.000 von 254 Millionen (Stand 2007), ausschließlich mit erneuerbaren Energien zu betreiben. (Energy Information Administration EIA, 2009a) Die große Mehrzahl aller Fahrzeuge ist nach wie vor von Benzin- und Dieselkraftstoff, veredelten Produkten des Erdöls, abhängig.

Gleichzeitig haben die USA im internationalen Vergleich eine der niedrigsten Kraftstoffsteuern. Kraftstoffsteuern können bei Autofahrern Anreize setzen, den

---

[1] Experten schätzen, dass noch ca. 2 von 3 Billionen Barrel Öl mit der heutigen Technik förderbar sind. Bei aktuellem Bedarf wären diese Reserven nach 45 bis 50 Jahre aufgebraucht. (Dirmoser, 2007, S. 12)
[2] Die Erschließung neuer Ölreserven, z.B. in Ölsand, wird mit höheren Kosten und mit größeren Schäden für die Natur verbunden sein, als die heutige Erdölförderung aus Ölquellen. (Deutch, Schlesinger, & David Victor, 2006, S. 22)
[3] Der Transportsektor umfasst Kraftfahrzeuge des Personen- und Güterverkehrs, nicht jedoch Schienenfahrzeuge, Flugzeuge oder Schiffe.

Kraftstoffkonsum einzuschränken, da in der Regel die Nachfrage nach Kraftstoff nicht völlig preisunelastisch ist.

Während die Mehrzahl aller OECD-Länder hohe Kraftstoffsteuern als fiskalische Einnahmequelle und Mittel zur Reduzierung des Kraftstoffverbrauchs nutzen, bedienen sich die USA des Steuerungsinstrumentes Kraftstoffsteuer nur in geringem Umfang. Im Jahr 2007 belief sich die amerikanische Kraftstoffsteuer auf 12,7% des Kraftstoffpreises. In Frankreich waren es 63,1%, in Deutschland 63,9% und in Großbritannien 66%. (Energy Information Administration, 2007)

Stattdessen legt die US-Regierung seit Ende der 1970er Jahre jährlich einen obligatorischen Kraftstoffwirtschaftlichkeitsstandard für Neuwagen fest. Dieser *Corporate Average Fuel Economy Standard* (CAFE-Standard) soll Kraftfahrzeuge effizienter machen und somit den Kraftstoffkonsum und CO_2-Ausstoß des Transportsektors reduzieren. Die Erfolge werden jedoch in der gängigen Literatur nur als mäßig bewertet. (Kleit, 2002a) (Crandall, 1992) Nicht verwunderlich also, dass die USA einer der größten Ölkonsumenten der Erde sind.[4]

> "While the United States makes up less than 5 percent of the world's population, we create roughly a quarter of the world's demand for oil. And this appetite comes at a tremendous price – a price measured by our vulnerability to volatile oil markets, which send gas prices soaring and families scrambling. It's measured by a trade deficit where as much as 20 percent of what we spend on imports is spent on oil. It's measured in billions of dollars sent to oil-exporting nations, many that we do not choose to support, if we had a choice. It's measured in a changing climate, as sea levels rise, and droughts spread, forest burns, and storms rage."(Obama, 2009a)

Ich stelle daher folgende These auf: Es besteht in der amerikanischen Wirtschafts-politik eine Diskrepanz zwischen der ökonomischen und ökologischen Notwendigkeit, Kraftstoffkonsum und CO_2-Ausstoß einzuschränken, und dem Design und Umfang der bestehenden Steuerungsinstrumente, die eine solche Einschränkung herbeiführen sollen.

---

[4] Im Jahr 2008 stellten die USA knapp 23% der Welterdölnachfrage. (Energy Information Administration EIA, 2009b)

Motiviert durch diese Problematik beschäftigt sich die vorliegende Studie mit der Kraftstoffsteuer und dem CAFE-Standard in den USA. Das Erkenntnissinteresse gilt dabei nicht vergangenen Erfolgen oder Misserfolgen, sondern zukünftigen Möglichkeiten, die genannte Mittel-Zweck-Diskrepanz zu lösen. Ziel der Untersuchung ist es, der amerikanischen Regierung eine Empfehlung für den zukünftigen Gebrauch der beiden Steuerungsinstrumente zu geben.

1.2 Struktur der Arbeit

Den Ausgangspunkt bildet die Frage, welche Höhe eine Kraftstoffsteuer im amerikanischen Transportsektor theoretisch annehmen sollte. Um dies zu beantworten bediene ich mich im 2. Kapitel dieser Studie der volkswirtschaftlichen Theorie der negativen Externalitäten.

Negative Externalitäten liegen dann vor, wenn der Konsum eines Gutes, in diesem Fall Kraftstoff, Kosten nach sich zieht, die vom Konsumenten nicht in sein Kosten-Nutzen-Kalkül aufgenommen werden, aber dennoch in Form sozialer Kosten von der Gesellschaft getragen werden. Die sozialen Kosten des Kraftstoffkonsums liegen dann oberhalb der privaten Kosten des Kraftstoffkonsums. Aus volkswirtschaftlicher Sicht wird daher der Preis des Kraftstoffes zu niedrig sein und Überkonsum des Gutes Kraftstoff ist die Folge. Laut volkswirtschaftlicher Theorie wird nur dann eine sozial optimale Menge Kraftstoff konsumiert, wenn die negativen externen Kosten dem Verursacher angelastet, also internalisiert werden. Eine Kraftstoffsteuer sollte daher theoretisch eine solche Höhe annehmen, dass die negativen externen Kosten des Kraftstoffverbrauchs internalisiert werden.

Basierend auf diesen theoretischen Erkenntnissen werden im 3. Kapitel dieser Studie monetäre Werte für eine Kraftstoffsteuer ermittelt. Dazu werden mit Hilfe einer umfassenden Literaturanalyse die zuvor identifizierten Externalitäten des Kraftstoffkonsums quantifiziert und ihre marginalen externen Kosten bestimmt. Das Ergebnis sind drei Schätzwerte in Höhe von 33, 74 und 137 Cent pro Gallone[5].

---

[5] Angaben in 2007 US-Dollar.

3

Es folgt im 4. Kapitel, dem Herzstück der Studie, eine quantitativ-mathematische Untersuchung, in der verschiedene Szenarien für die Jahre 2010 bis 2020 erstellt werden. Ziel ist es, die Internalisierung der negativen externen Kosten des Kraftstoffverbrauchs zu modellieren, indem die drei ermittelten Schätzwerte in Form von Kraftstoffsteuern auf den Kraftstoffpreis aufgeschlagen werden. Das Erkenntnisinteresse gilt dabei den Auswirkungen dieser hypothetischen Steuererhöhung auf Kraftstoffverbrauch und CO_2-Ausstoß im amerikanischen Transportsektor. Zu Vergleichszwecken wird ebenso modelliert, welche Auswirkungen auf Kraftstoffverbrauch und CO_2-Ausstoß durch den CAFE-Standard zu erwarten sind.

Der Auswertung der Ergebnisse schließt sich eine Diskussion der Vor- und Nachteile beider Steuerungsinstrumente im 5. Kapitel an. Ergebnis dieser Diskussion wird eine wirtschaftspolitische Empfehlung an die amerikanische Regierung sein, welcher Steuerungsmechanismus in der Zukunft angewandt werden sollte, um Kraft-stoffkonsum und CO_2-Ausstoß einzudämmen und den amerikanischen Transportsektor auf eine Zukunft mit beschränkter Verfügbarkeit fossiler Brennstoff vorzubereiten.

Die vorläufige Arbeitshypothese besagt, dass mit Hilfe einer Kraftstoffsteuer höhere Einsparungen in Kraftstoffverbrauch und CO_2-Ausstoß zu realisieren sind als mit dem CAFE-Standard. Demzufolge sollte sich die US-Regierung vom CAFE-Standard abwenden und stattdessen den Kraftstoffverbrauch und CO_2-Ausstoß im Transport-sektor über maßgeblich höhere Steuern regulieren.

1.3 Forschungsstand

Die Themen Energiegewinnung und Energienutzung genießen aktuell in den Medien und der wissenschaftlichen Diskussion große Aufmerksamkeit. Das gesamte Themenfeld wird dabei von einer politischen Diskussion überdacht, die sich mit den ökonomischen und ökologischen Problemen des amerikanischen Ölkonsums beschäftigt.

Es diskutieren unter anderem die Autoren (Auer, 2005), (Borenstein, 2008), (Braml, 2008) und (Leder & Shapiro, 2008) über die Risiken des amerikanischen Ölkonsums für die amerikanische Volkswirtschaft und Umwelt sowie die bisher unzureichenden politischen Maßnahmen zur Energieeinsparung. Der Transportsektor nimmt dabei als größter Ölkonsument eine zentrale Rolle ein. Einige Studien vertiefen die Diskussion und beschäftigen sich mit den theoretischen Auswirkungen von höheren Ölpreisen auf die amerikanische Volkswirtschaft, so z.B. (Huntington, 2005) und (Greene & Jones, 1995). All diesen politisch motivierten Studien ist gemein, dass sie den hohen Ölkonsum der amerikanischen Volkswirtschaft als Risiko für die Wirtschaft und Umwelt begreifen und die Politik zu schnellem und deutlichem Handeln auffordern. Empfehlungen an die Politik sind in den hier genannten Publikationen die Regel. Sie umfassen Vorschläge zur Anhebung des CAFE-Standard, zur Anhebung der Kraftstoffsteuer, aber auch Investitionen in Forschung und Entwicklung bis hin zur Gründung internationaler Institutionen für eine weltweit harmonisierte Energie- und Umweltpolitik.

Das zentrale Thema der vorliegenden Studie ist Kraftstoffverbrauch und CO_2-Ausstoß im amerikanischen Transportsektor. Die Literatur diesbezüglich ist sehr umfassend und kann in vier Untergruppen gegliedert werden:
Eine erste Gruppe betrachtet die Effekte des bestehenden CAFE-Standard auf CO_2-Ausstoß und Kraftstoffverbrach. Eine zweite Gruppe vergleicht den CAFE-Standard mit einer Steuer auf einer konzeptionellen Ebene. Eine dritte Gruppe führt Kosten-Nutzen-Analysen durch und eine vierte Gruppe konstruiert Zukunftsszenarien bezüglich CAFE-Standard und Steuer.

Die erste Gruppe Autoren analysiert den CAFE-Standard mit der primären Fragestellung, ob dieses Steuerungsinstrument geeignet ist, Kraftstoffeinsparungen und somit Reduzierungen des CO_2-Ausstoß hervorzurufen. Veröffentlichungen dieser Gruppe sind also in die Vergangenheit gewandt und beschäftigen sich nur mit bereits implementierten wirtschaftspolitischen Maßnahmen.
Zu dieser Gruppe gehören die Autoren (Greene, 1998), (Kleit, 2002a) und (Onoda, 2008). Es besteht Konsens darüber, dass die Existenz des CAFE-Standards zur verbesserten Kraftstoffwirtschaftlichkeit der amerikanischen Fahrzeugflotte beige-tragen hat und somit den Kraftstoffkonsum zumindest drosseln konnte.
Darüber, ob der CAFE-Standard somit als Erfolg gewertet werden kann, gehen die wissenschaftlichen Meinungen jedoch auseinander. Kleit beschreibt den CAFE-Standard als gescheitertes wirtschaftspolitisches Instrument, da die herbeigeführten

Kraftstoffeinsparungen zu gering ausfallen. Greene argumentiert hingegen, dass der CAFE-Standard zielführend ist, regt aber auch an, dass ein besseres Design des Standards die Ergebnisse noch verbessern könnte. Zu einem ähnlichen Ergebnis kommt auch Onoda. Er sieht Potential im CAFE-Standard, ist er nur entsprechend lückenlos konzipiert. Diese erste Gruppe Autoren kommt somit zu dem Schluss, dass der CAFE-Standard bisher nur begrenzt erfolgreich war, er durch verbessertes Design aber ein durchaus erfolgreiches Steuerungsinstrument darstellt.

Diese Erkenntnisse werden im 5. Kapitel dieser Untersuchung, der abschließenden Diskussion, Eingang finden.

Die zweite Gruppe von Autoren vergleicht den CAFE-Standard mit anderen steuerungs-politischen Instrumenten, darunter auch Kraftstoffsteuern. Die Publikationen dieser Gruppe verbleiben auf einer theoretisch-abstrakten Ebene und bedienen sich zur Untermauerung ihrer Argumente nur gelegentlich einfacher mathematischer Berechnungen bzw. übernehmen Angaben von Quellen wie der *International Energy Agency* oder der *Energy Information Administration*.

(Austin & Dinan, 2002) vergleichen im Auftrag des *Congressional Budget Office* den CAFE-Standard mit einer Steuer und diskutieren die theoretischen Vor- und Nachteile beider Konzepte. Sie argumentieren, dass eine Steuer dem CAFE-Standard vorzuziehen ist, sobald die Nachfrageelastizität des Preises elastisch ist, das sie das Verhalten aller Autofahrer beeinflusst und sie veranlasst, über die Kraftstoffwirtschaftlichkeit ihrer Fahrzeuge nachzudenken. Ein Standard verlagert die Auseinandersetzung mit der Kraftstoffwirtschaftlichkeit hingegen auf die Produzenten und befreit die Konsumenten von jeglicher Verhaltensänderung. Die Autoren kommen zu dem Schluss, dass eine Steuer dem CAFE-Standard überlegen ist, weil sie alle Kraftstoffkonsumenten betrifft und keine Schlupflöcher bietet wie es der CAFE-Standard tut.

Die Autoren (Eskeland & Mideksa, 2008), (Clerides & Zachariadis, 2008) und (Gerard & Lave, 2003) entfernen sich hingegen von einer strikten Entweder-Oder Lösung. Eskeland und Mideksa argumentieren, dass CAFE-Standard und Steuer erfolgreiche Komplemente sein können, da durch den Standard die Kraftstoffwirtschaftlichkeit der Fahrzeuge steigt und der öffentliche Widerstand gegen eine höhere Steuer abnimmt.

Clerides und Zachariadis zeigen auf, dass eine Steuer nur dann erfolgreich ist, wenn die Preiselastizität der Nachfrage hoch genug ist. Ist dies nicht der Fall, wird eine Steuer zu keinen maßgeblichen Einsparungen des Kraftstoffverbrauchs und der CO_2-Emissionen führen. Da die Preiselastizität nie mit Sicherheit vorausgesagt werden kann, wird eine Kombination aus beiden Instrumenten als erstrebenswert angesehen. Dieser Argumentation schließen sich Gerard und Lave an.

Die vergleichenden Studien dieser zweiten Gruppe kommen zu dem Schluss, dass eine Steuer auf konzeptioneller Ebene dem CAFE-Standard überlegen ist, in der Praxis aber eine Kombination aus beiden Steuerungsinstrumenten wohl die größten Erfolge verspricht. Die Ergebnisse dieser Gruppe finden sich vor allem im 5. Kapitel dieser Untersuchung wieder, in der ein abschließender Vergleich zwischen CAFE-Standard und Steuer gezogen wird.

Eine dritte Gruppe Autoren führt Kosten-Nutzen-Analysen von CAFE-Standard und Kraftstoffsteuern durch, um das effizientere Instrument zu identifizieren. (Crandall, 1992) vergleicht die gesellschaftlichen Kosten einer Steuer und eines Standards. Er kommt zu dem Schluss, dass eine Gallone Kraftstoff mittels Steuer zu geringeren Kosten einzusparen ist als über den CAFE-Standard und eine Steuer somit das effizientere Steuerungsinstrument ist. (Kleit, 2002b) ermittelt die gesellschaftlichen Kosten einer kurzfristen Erhöhung des CAFE-Standards um 1 Meile pro Gallone (MPG) sowie einer langfristen Erhöhung um 3 MPG und vergleicht dies mit einer Steuer. Ebenso wie Crandall kommt er zu dem Schluss, dass der CAFE-Standard gegenüber einer Steuer nicht kosteneffektiv ist.

Da in der vorliegenden Untersuchung keine Kosten-Nutzen-Analyse durchgeführt wird, sind Studien dieser Gruppe für die vorliegende Arbeit nicht von zentraler Bedeutung. Aus Gründen der Vollständigkeit wurden sie an dieser Stelle dennoch erwähnt.

Die Studien der vierten und letzten Gruppe sind in die Zukunft gewandt, indem sie die Auswirkungen eines höheren CAFE-Standard oder einer höheren Kraftstoffsteuer auf Kraftstoffverbrauch und CO_2-Ausstoß modellieren. Dazu bedienen sie sich mehr oder minder komplexen mathematischen Modellen. Jedoch ergibt sich hier eine Forschungslücke.

(Nivola & Crandall, 1995) ermitteln die Auswirkungen einer Steuer in Höhe von 25 Cent pro Gallone. Jedoch wird nicht deutlich, auf welcher Grundlage diese Steuer ermittelt wurde. Darüber hinaus werden die Berechnungen nicht offen gelegt, wodurch eine Nachvollziehung der Untersuchung unmöglich gemacht wird.

(Austin & Dinan, 2004) berechnen, in welchem Ausmaß der CAFE-Standard erhöht werden müsste, wollte man den Kraftstoffkonsum um 10% reduzieren. Abermals erscheint die Bezugsgröße willkürlich gewählt. Das Ergebnis ist zwar aussagekräftig, doch nur in Bezug auf die konkrete Fragestellung.

Eine Untersuchung des (National Research Council, 2002) vergleicht CAFE-Standard und Steuer. Die Höhe der Steuer wird dabei nicht willkürlich gewählt, sondern orientiert sich an den marginalen externen Kosten des Kraftstoffkonsums, die auf 26 Cent pro Gallone geschätzt werden. Allerdings ziehen die Autoren in ihrer Analyse den fehlerhaften Schluss, dass die von ihnen ermittelte Steuer bereits durch die bestehende Kraftstoffsteuer in den USA abgedeckt wird und somit die negativen externen Kosten des Kraftstoffkonsums bereits ausreichend internalisiert sind. Basierend auf dieser Annahme kommen sie zu dem Ergebnis, dass die aktuelle Kraftstoffsteuer in den USA dem CAFE-Standard überlegen ist, da sie geringere gesellschaftliche Kosten nach sich zieht als der Standard. Tatsächlich sind jedoch die Einnahmen aus der bestehenden amerikanischen Steuer für den Straßenbau zweckgebunden und stellen eine Art Nutzungsgebühr dar. Die bestehende Kraftstoffsteuer internalisiert daher nicht die negativen externen Kosten des Kraftstoffkonsums. Eine Steuer, die dies tut, müsste zusätzlich auf die bereits bestehende Steuer aufgeschlagen werden. Der National Research Council übersieht diesen Punkt. Daher kann seine Schlussfolgerung für die vorliegende Studie keine Validität haben. Ähnlich verhält es sich mit Publikationen der Autoren (Portney, Parry, Gruenspecht, & Winston Harrington, 2003) und (Austin & Dinan, 2004). Sie übernehmen die Annahmen des National Research Council und büßen somit ebenfalls an Glaubwürdigkeit ein.

Der aktuelle Stand der Forschung weist eine Lücke auf: Entweder es werden die Auswirkungen von willkürlich berechneten Kraftstoffsteuern oder willkürlich angenommenen CAFE-Erhöhungen betrachtet, oder es werden zwar die Steuern auf

Basis der marginalen externen Kosten berechnet, dann jedoch nicht in mathematischen Modellen angewendet, weil bereits von ihrer Internalisierung ausgegangen wird.

Die vorliegende Untersuchung schließt diese Lücke. Die Höhe einer möglichen Kraftstoffsteuer wird auf Basis der marginalen externen Kosten berechnet, womit diese eine wissenschaftliche Fundierung erhält. Anschließend wird diese Steuer zuzüglich zur bestehenden Kraftstoffsteuer angewandt, um so eine Internalisierung herbeizuführen. Im Ergebnis werden Aussagen über Kraftstoffverbrauch und CO_2-Ausstoß möglich sein, die in der vorliegenden Literatur in dieser Art und Weise nicht möglich sind.

Zur monetären Bewertung der marginalen externen Kosten der Externalitäten Ölabhängigkeit und CO_2-Ausstoß werden Studien zahlreicher Autoren verwendet.

Die Autoren (Anthoff u. a., 2005), (Clarkson & Deyes, 2002), (Tol, 2005) und (Stern, 2007) ermitteln aktuelle monetäre Werte für die Schadenskosten von CO_2-Ausstoß. Dabei bedienen sie sich komplexen mathematischen Klimamodellen, um zukünftige Auswirkungen des Klimawandels auf Mensch und Natur zu modellieren und monetär zu bewerten. Die genauen monetären Schätzwerte werden im 3. Kapitel dieser Studie ausführlich vorgestellt und diskutiert. Zusätzlich findet eine Auseinandersetzung mit den unterschiedlichen Modellannahmen der Studien statt, um die monetären Schätzwerte differenziert bewerten zu können.

So werden unter Einbeziehung der Autoren (Hummel, 1999), (Anthoff, Tol, & Yohe, 2009), (Downing & Watkiss, 2008), (Maibach u. a., 2008) und (Weitzman, 1998) die Auswirkungen von Diskontrate, Zeithorizont, Ungleichheit und Unsicherheiten auf die monetären Schätzwerte beurteilt.

Die Autoren (Leiby, Jones, Lee, & Curlee, 1997), (Leiby, 2007) und (Parry & Darmstadter, 2003) quantifizieren die Schadenskosten der amerikanischen Ölabhängigkeit. Dazu werden Zusammenhänge zwischen Ölkonsum und wirtschaftlicher Leistungsfähigkeit hergestellt, die auch in Veröffentlichungen von (Greene & Jones, 1995) und (Huntington, 2005) diskutiert werden. Die Ergebnisse werden ebenfalls im 3. Teil der Studie vorgestellt.

Insgesamt werden verschiedene Schätzwerte für die Schadenskosten von CO_2-Ausstoß und Ölabhängigkeit ermittelt, die in der quantitativ-mathematischen Untersuchung angewendet werden. Auf diese Weise wird die aufgezeigte Forschungslücke geschlossen und es kann eine Empfehlung an die amerikanische Politik formuliert werden.

Primärquellen für statistische Erhebungen und Daten sind unter anderem die *Energy Information Administration*, die *International Energy Agency*, das *Bureau of Transportation Statistics*, die *National Highway Traffic Safety Administration* sowie das *U.S. Census Bureau*. Der Zugang erfolgte über die jeweiligen Internetplattformen.

2. Theorie externer Effekte

2.1 Märkte und Marktversagen

2.1.1 Vollkommener Markt

In der volkswirtschaftlichen Theorie bedient man sich abstrakter Modelle, um ökonomische Strukturen und Prozesse zu beschreiben. Die in der Realität vorherrschende Komplexität und Vielschichtigkeit wird dabei abstrahiert, um innerhalb der Modelle die Auswirkungen von unabhängigen Variablen auf abhängige Variablen nachzuvollziehen. So lassen sich abstrakte Mechanismen und Wirkungsketten beschreiben, die der realen Volkswirtschaft zu Grunde liegen.

Eines der wichtigsten abstrakten Modelle der Volkswirtschaft ist der vollkommene Markt. Ein vollkommener Markt ist durch die Homogenität der Güter und durch fehlende räumliche, zeitliche und persönliche Präferenzen der Marktteilnehmer gekennzeichnet. Es herrscht vollkommene Markttransparenz, unbegrenzte Mobilität sämtlicher Produktionsfaktoren und es gibt weder Transport- noch Transaktions- kosten. Unter der Annahme rationaler und nutzenmaximierender Akteure treffen Angebot und Nachfrage zur gleichen Zeit und am gleichen Ort (Punktmarkt) zusammen, wobei ohne zeitliche Verzögerung nur ein Marktpreis für jedes Gut entsteht. (Fritsch, Wein, & Ewers, 2005, S. 26ff.)

In diesem Markt wird derjenige Produzent ein Gut herstellen, der dafür den geringsten Ressourceneinsatz und somit die geringsten Kosten aufweist. Da es im vollkommenen Markt eine Nullgewinnbedingung für Produzenten gibt, wird der Marktpreis den marginalen Kosten der Produktion und somit dem Ressourcenverbrauch für jede weitere Einheit des produzierten Gutes entsprechen. Auf der Nachfrageseite wird derjenige Konsument ein Gut erwerben, der dafür die höchste Zahlungsbereitschaft aufweist und somit den höchsten Nutzen durch das Gut realisieren kann. Der Marktpreis spiegelt den marginalen Nutzen wider, und somit entsprechen sich marginale Kosten und marginaler Nutzen im vollkommenen Markt. (Baumol & Blinder, 1985, S. 538)

Da in diesem Fall kein Marktteilnehmer besser gestellt werden kann, ohne einen anderen Marktteilnehmer schlechter zu stellen, ist die Güter-und Ressourcenallokation pareto-optimal, wobei der Marktpreis als Knappheitsindikator der Ressourcen fungiert. (Munday, 2000, S. 13)

2.1.2 Unvollkommener Markt

Es stellt sich die Frage, ob auch dann pareto-optimale Zustände erreicht werden können, wenn die Bedingungen eines vollkommenen Marktes nicht erfüllt sind, wie es in der Realität der Fall ist. Die volkswirtschaftliche Theorie bejaht diese Frage mit der Begründung, es werde durch das Zusammentreffen von Angebot und Nachfrage auf dem freien Markt ein Marktgleichgewicht erreicht und somit eine effiziente Ressourcenallokation realisiert. Wie der erste Hauptsatz der Wohlfahrtsökonomie aussagt, ist dabei die anfängliche Ressourcenausstattung unerheblich, denn jedes Wettbewerbsgleichgewicht ist pareto-optimal.

2.1.3 Marktversagen

Es kann jedoch Situationen geben, in denen eine Pareto-Optimalität auf freien Märkten verfehlt wird, nämlich dann, wenn es zu Marktversagen kommt. Unter Marktversagen versteht man eine Störung des Marktmechanismus, die durch eine Störung der freien Preisbildung gekennzeichnet ist. Bickel & Friedrich nennen dies eine Preissignalstörung, wobei die Preise die Knappheitsverhältnisse der Güter nicht mehr korrekt widerspiegeln, die Allokationsfunktion des Marktes beeinträchtigt und somit ein pareto-optimaler Zustand verfehlt wird. (Bickel & Friedrich, 1995, S. 7)

Die vier häufigsten Ursachen für Marktversagen sind Marktmacht, Informations-defizite, die Existenz von öffentlichen Gütern und Externalitäten. In dieser Studie steht eine Art des Marktversagens im Mittelpunkt: Externalitäten.

2.2 Externe Effekte

Externe Effekte, auch Externalitäten genannt, sind Kosten oder Nutzen, die einer dritten Partei beim Konsum oder der Produktion eines Gutes entstehen, ohne dass diese Kosten oder Nutzen im Marktpreis erfasst werden. Die Preisbildung ist in einem solchen Fall verzerrt bzw. es liegt eine Preissignalstörung vor, wodurch ein pareto-optimaler Zustand verfehlt wird. Man spricht daher auch von einer ineffizienten Ressourcenallokation bei externen Effekten.

2.2.1 Negative externe Effekte

Bei der Existenz von negativen externen Effekten beinhaltet die Nutzenfunktion eines unbeteiligten Akteurs A (U_a) neben den eigenen Aktionsparametern $(X1_a, X2_a, \dots, Xi_a,)$ mindestens eine Variable (Y) die nicht vollständig von A, sondern von einem anderen Akteur kontrolliert wird. Es gilt:

$$U_a = U_a(X1_a, X2_a, \dots, Xi_a, Y)$$

(Fritsch u. a., 2005, S. 88ff.)

Durch die Existenz von Y entstehen dem unbeteiligten Akteur Kosten, bzw. sein Nutzen wird reduziert. Eben diese Kosten werden in das Kosten-Nutzen-Kalkül des Verursachers, des Emittenten, bei Produktion oder Konsum des Gutes X nicht aufgenommen. Die Variable Y nimmt für den Verursacher den Wert Null an. Dadurch entsteht eine Diskrepanz zwischen den privaten Kosten des Verursachers und den sozialen Kosten, die sich aus der Addition der privaten Kosten und der Variable Y ergeben. Diese Diskrepanz gibt die externen Kosten der Externalität wieder.

Durch die Kostenfreiheit der Variable Y wird der Marktpreis des Gutes X die Knappheitsrelationen der eingebrachten Ressourcen falsch darstellen – der Preis wird zu niedrig sein. Bei negativen Externalitäten wird es daher zu Überproduktion oder Überkonsum des Gutes X kommen.

Für das Gut Kraftstoff bedeutet dies: die Existenz von negativen Effekten, auf die später noch eingegangen wird, führt dazu, dass die Knappheitsrelationen der Ressource Kraftstoff falsch dargestellt wird. Da die Kosten für die negativen Externalitäten nicht eingepreist werden, ist der Kraftstoffpreis zu gering und der Kraftstoffkonsum zu hoch. Die privaten Kosten werden geringer sein als die sozialen Kosten und daher wird der marginale Nutzen für eine weitere Einheit Kraftstoff geringer sein als die marginalen sozialen Kosten für eine weitere Einheit Kraftstoff. Der

Kraftstoffpreis wird nur dann die Knappheitsrelationen der Ressource korrekt darstellen, wenn die negativen externen Kosten in den Kraftstoffpreis eingebunden werden, die privaten Kosten also den Parameter *Y* enthalten und somit den sozialen Kosten entsprechen. (Baumol & Blinder, 1985, S. 540)

Die nachfolgende Abbildung 1 verdeutlicht die Existenz von negativen Externalitäten im Transportbereich und die dadurch entstehenden marginalen externen Kosten. Sie bildet die Mobilitätsmenge auf der X-Achse und die Mobilitätskosten auf der Y-Achse ab. Die marginale private Kostenkurve veranschaulicht die zusätzlichen Kosten eines einzelnen Autofahrers durch eine weitere Einheit Mobilität, also durch eine zusätzlich gefahrene Meile. Diese Kosten beinhalten z.B. Anschaffungskosten, Instandhaltungs-kosten, Versicherungskosten, Benzinkosten und Mobilitätszeitkosten. Die marginale private Kostenkurve steigt mit der Mobilitätsmenge. Die marginale soziale Kostenkurve stellt die Ableitung der Gesamtkostenkurve (inklusive Externalitäten) nach der Mobilitätsmenge dar und zeigt die zusätzlichen Kosten einer weiteren Einheit Mobilität, die insgesamt entstehen. Die Nachfrage nach Mobilität sinkt bei steigendem Preis, wodurch sich eine Nachfragefunktion mit negativer Steigung ergibt.

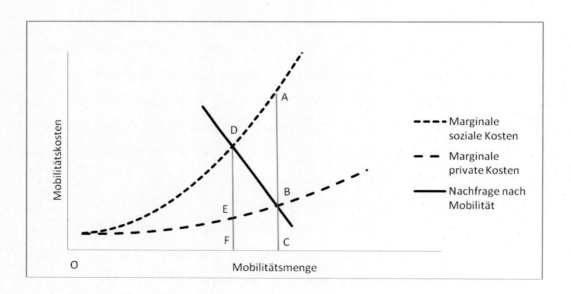

Abbildung 1: Marginale externe Kosten der Mobilität
Quelle: (Dobes, 1998)

Die nachgefragte Menge Mobilität, Strecke OC, wird durch den Schnittpunkt zwischen Nachfragekurve und marginaler privater Kostenkurve bestimmt. Die resultierenden Kosten des einzelnen Benutzers liegen bei CB. Die vertikale Strecke AB, also die Differenz zwischen der marginalen sozialen Kostenkurve und der marginalen privaten Kostenkurve bei gegebener Menge Mobilität stellt die externen Kosten der Mobilität dar. Die marginalen externen Kosten steigen mit der Mobilitätsmenge, da es bei steigendem Verkehrsaufkommen zu mehr Staus, größeren Zeitverzögerungen, mehr Unfällen, mehr Abgasen usw. kommt. (Dobes, 1998)

2.2.2 Positive externe Effekte

Eine positive Externalität liegt dann vor, wenn eine wirtschaftliche Aktivität für einen unbeteiligten Dritten einen Nutzen generiert, ohne dass der Verursacher dafür entschädigt wird. Analog zu den negativen Externalitäten wird hier der Verursacher Kosten in Höhe von Y aufweisen, die jedoch für den unbeteiligten Dritten den Wert Null annehmen. Die privaten Kosten des Verursachers bei der Produktion des Gutes X werden oberhalb der sozialen Kosten liegen. Der Marktpreis des Gutes X wird zu hoch sein und es wird aus gesellschaftlicher Sicht zu wenig von Gut X hergestellt.

Als klassisches Beispiel für eine positive Externalität gilt „Wissen". Wird generiertes Wissen der Öffentlichkeit kostenfrei zur Verfügung gestellt, entstehen dem Verursacher/ Emittenten des Wissens externe Kosten, die nicht gedeckt sind. Er hat daher weniger Anreiz, das Gut Wissen herzustellen. Für den Transportsektor konnten bisher keine positiven Externalitäten von bedeutender Größenordnung identifiziert werden, da von einer Einbindung aller Nutzen in das Kosten-Nutzen-Kalkül der Verkehrsteilnehmer ausgegangen wird. Die vorliegende Untersuchung beschränkt sich daher auf negative Externalitäten.

2.2.3 Externalitäten des amerikanischen Transportsektors

Im Transportsektor können zahlreiche negative Externalitäten empirisch belegt werden. Sie unterscheiden sich oftmals erheblich in Größenordnung, Auswirkung und Ursprung. Im folgenden Abschnitt werden sie kurz vorgestellt und ihre Relevanz für die spätere quantitative Untersuchung diskutiert. Der Fokus der vorliegenden

Untersuchung liegt explizit auf Externalitäten des Kraftstoffverbrauchs innerhalb des Transportsektors.

2.2.3.1 Lokale Luftverschmutzung

Die Verbrennung von Kraftstoff im Verbrennungsmotor führt zu lokaler Luftverschmutzung. So ist unter anderem das Abgas Stickstoffmonoxid an der Bildung von Smog beteiligt, Kohlenstoffmonoxid gilt hingegen als Atemgift, das Atemwegserkrankungen hervorrufen kann. ("Chemielexikon," 2009)

Abgasmengen werden in den USA durch Emissionsraten pro Gallone reguliert, die von der *Environmental Protection Agency* festgelegt werden. Um die Emissionsraten nicht zu überschreiten, müssen die Hersteller Filteranlagen in ihre Kraftfahrzeuge einbauen. Somit werden die Abgasmengen maßgeblich von der Filtertechnologie, und weniger vom Kraftstoffverbrauch bestimmt. (Austin & Dinan, 2005, S. 563) Daher wird diese Externalität in der nachfolgenden quantitativen Untersuchung vernachlässigt.

2.2.3.2 Unfälle

Im Jahr 2006 sind in den USA rund 6 Millionen Verkehrsunfälle gemeldet wurden. Dabei wurden 42.000 Menschen getötet und weitere 2,5 Millionen Menschen verletzt. Bei 4 Millionen Unfällen kam es zu reinen Sachschäden. (National Highway Traffic Safety Administration, 2008) Die gesellschaftlichen Kosten für Unfälle und deren Folgen sind kaum erfassbar, denn sie gehen weit über Reparatur- und Arztkosten hinaus.

Für die quantitative Untersuchung dieser Studie spielen die negativen Effekte von Unfällen keine Rolle, da sie nicht ursächlich durch Kraftstoffverbrauch hervorgerufen werden. Vielmehr spielen hier Gewicht, Geschwindigkeit, Anzahl der Fahrzeuge und Sicherheitskomponenten der Autos eine Rolle.

2.2.3.3 Staus/Verspätungen

Jede zusätzliche Autofahrt erhöht das Verkehrsaufkommen und die Wahrscheinlichkeit von Staus. Diese wiederum führen zu Zeitverlusten der Verkehrsteilnehmer und höherem Benzinverbrauch. Die Autoren Schrank und Lomax kommen in einer breit angelegten Studie zu dem Ergebnis, dass es in den USA im Jahr 2005 zu Reisezeitverzögerung von insgesamt 3,7 Milliarden Stunden und zusätzlichem Kraftstoffverbrauch von 2,3 Milliarden Gallonen gekommen ist. (Schrank & Lomax, 2005) Staus und hohes Verkehrsaufkommen können nicht auf Kraftstoffverbrauch zurückgeführt werden. Dies lässt sich gut daran erkennen, dass selbst eine Umstellung aller Kraftfahrzeuge auf Sonnenenergie das Ausmaß der Staus und Verspätungen nicht reduzieren würde. Diese Externalität des Transportsektors ist daher für die quantitative Untersuchung dieser Studie irrelevant.

2.2.3.4 Lärm

Lärm, eine der offensichtlichsten negativen Externalitäten des Transportsektors, wird nicht primär auf Kraftstoffverbrauch, sondern auf Gewicht, Geschwindigkeit, Reifendruck, Straßenbeschaffenheit und Lautstärke der Motoren zurückgeführt. Auch diese Externalität wird daher im weiteren Verlauf dieser Studie keine Berücksichtigung finden.

2.2.3.5 CO_2-Ausstoß

Anreicherung von CO_2 in der Atmosphäre ist eine der treibenden Kräfte der Erderwärmung mit all ihren Folgen für Mensch und Natur. CO_2 entsteht überall dort, wo zur Energiegewinnung organische Kohlenstoffverbindungen oxidiert werden. Dies geschieht zum einen bei der Atmung von Lebewesen, aber auch der Gärung von Pflanzen sowie der Verbrennung von fossilen und organischen Brennstoffen.

Die Verbrennung fossiler Kraftstoffe führt zu CO_2-Emissionen, da der im Kraftstoff enthaltene Kohlenstoff zu Kohlenstoffdioxid oxidiert. Bei der Verbrennung von einer Gallone Benzin entstehen 8,8 Kg CO_2, bei der Verbrennung einer Gallone Diesel sogar 10,1 Kg CO_2. Im Jahr 2006 wurden knapp 2 Milliarden Tonnen CO_2 vom amerikanischen Transportsektor produziert – das sind rund 1/3 des gesamten amerikanischen CO_2-Ausstoßes (siehe Abbildung 2). (Energy Information Administration, 2008a)

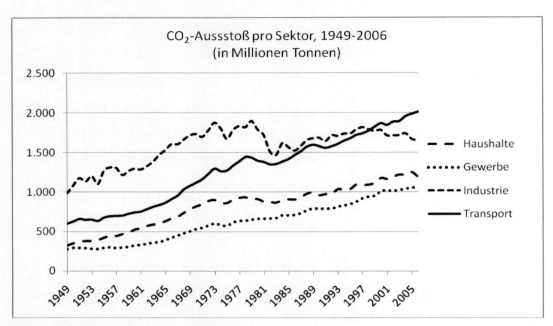

Abbildung 2: CO₂-Ausstoß pro Sektor, 1949-2006

Quelle: (Energy Information Administration, 2008a)

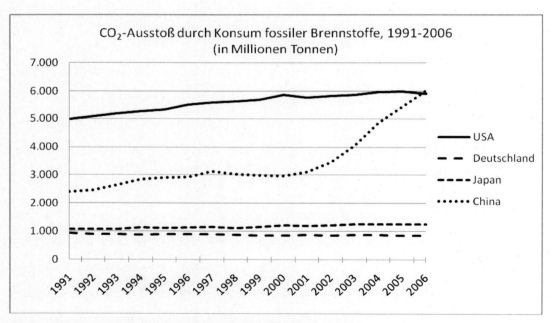

Abbildung 3: CO₂-Ausstoß durch Konsum fossiler Brennstoffe, 1991-2006

Quelle: (Energy Information Administration, 2008b)

Insgesamt sind die USA eine der führenden CO_2-Emittenten der Welt. Im Jahr 2006 wurden weltweit 29,2 Milliarden Tonnen CO_2 durch die Nutzung fossiler Brennstoffe ausgestoßen. Der Anteil der USA lag bei 5,9 Milliarden Tonnen, also gut 20%.(Energy Information Administration, 2008b)

Die durch globale Erwärmung hervorgerufenen Schäden werden in der Regel vom einzelnen Autofahrer beim Kraftstoffkonsum nicht berücksichtigt. Sie fließen somit nicht als Kosten in die Kosten-Nutzen-Kalkulation des Autofahrers ein. Es handelt sich daher bei CO_2-Ausstoß um eine negative Externalität des Kraftstoffverbrauchs. Die dadurch verursachten Schäden rufen negative externe Kosten hervor.

Als eine bedeutende kraftstoffbasierende negative Externalität des Transportsektors wird CO_2-Ausstoß in die quantitative Untersuchung aufgenommen.

2.2.3.6 Ölabhängigkeit

Ölabhängigkeit ist eine weitere bedeutende negative Externalität des Kraftstoff-konsums. Die USA konsumieren in hohem Maße Öl wodurch über verschiedene Wirkungsketten volkswirtschaftliche Schäden, und somit Kosten, entstehen. Die mangelnde Einpreisung dieser Kosten in die private Kostenrechnung führt zu Überkonsum des Rohstoffes Öl und begründet die Existenz der Externalität Ölabhängigkeit.

In der einschlägigen Literatur werden die marginalen externen Kosten der Ölabhängigkeit, also die Differenz zwischen den marginalen sozialen und marginalen privaten Kosten, mit dem Begriff Ölimportaufschlag beschrieben (engl.: Oil Import Premium). (Parry & Darmstadter, 2003) Der Ölimportaufschlag setzt sich dabei aus zwei Komponenten zusammen, dem Monopsonaufschlag und dem Markstörungs-aufschlag. Beide Komponenten beschreiben verschiedene Wirkungsketten, über die sich die Ölabhängigkeit auf die amerikanische Volkswirtschaft ausübt.

Es sei hier angemerkt, dass beim Ölimportaufschlag die Fähigkeit der USA im Vordergrund steht, durch veränderte Ölnachfrage Effekte auf dem Ölmarkt bzw. in der eigenen Volkswirtschaft hervorzurufen. Die Marktmacht der OPEC (Organization of Petroleum Exporting Countries) spielt zwar auf dem Rohölmarkt eine große Rolle, es handelt sich jedoch dabei nicht um eine negative Externalität des Kraftstoffverbrauchs. Wie lässt sich das erklären? Das Anbieterkartell der OPEC stört zwar die freie Preisbildung und schädigt so die amerikanische Volkswirtschaft, doch kann die USA über ihre eigene Ölnachfrage das Anbieterkartell nicht aufbrechen. Eine Internalisierung der OPEC-Marktmacht ist somit über den Kraftstoffkonsum nicht möglich. Für den Ölimportaufschlag spielt daher die Marktmacht der OPEC eine untergeordnete Rolle. (Parry, Walls, & Harrington, 2007, S. 5f.)

Monopsonaufschlag

Der Monopsonaufschlag beschreibt die Änderung der zu erwartenden volkswirtschaftlichen Verluste durch eine Steigerung der Ölnachfrage um eine weitere Einheit. In der einschlägigen Literatur wird den USA die Stellung eines Monopsonisten zugeschrieben. Grundsätzlich versteht man unter einem Monopsonisten einen einzigen Nachfrager, der mehreren Anbietern gegenübersteht. In der Literatur wird jedoch eine etwas weitere Definition des Monopsons verwandt, wobei der Monopsonist nicht der einzige Nachfrager ist, jedoch einen erheblichen Einfluss auf den Preis ausüben kann. (Leiby, 2007) Ich werde diese erweiterte Definition des Monopsons aus der Literatur übernehmen.

Als Monopsonist haben die USA die theoretische Möglichkeit, durch höhere Nachfrage den Welterdölpreis nach oben zu treiben, ihn durch verringerte Nachfrage aber auch zu senken. Die Monopsonmacht hängt dabei vom Weltölpreis, dem Importniveau und der Preiselastizität des Angebotes ab. Ist das Angebot sehr elastisch, so wird die USA durch einen Nachfrageveränderung den Preis des Öls nicht beeinflussen können. Die Monopsonmacht ist in diesem Fall sehr klein. Ist hingegen das Angebot unelastisch, wird sich eine Nachfrageänderung der USA auf den Preis auswirken und die USA hat Monopsonmacht ausgeübt.

Die OPEC kann die Monopsonmacht der USA beeinflussen, z.B. über eine Fördermengendrosselung bei verringerter Ölnachfrage. In diesem Fall können die USA den Preis trotz Nachfragerückgang nicht beeinflusst. Des Weiteren sind auch die Nachfrageelastizitäten und relativen Nachfragemengen anderer Nachfrager von Bedeutung. So ist es möglich, dass eine Nachfrageerhöhung der USA durch einen Nachfragerückgang anderer Nachfrager ausgeglichen wird und es zu keinem

Preisanstieg für Erdöl kommt. In diesem Fall hätte die Monopsonmacht der USA ebenfalls zu keiner Preisveränderung auf dem Weltmarkt geführt. (Leiby, 2007)

Eine Ausübung der Monopsonmacht, bei der es zu einem Preisanstieg des Rohöls kommt, kann die amerikanische Volkswirtschaft auf vielfältige Art und Weise schädigen:

Erstens führt ein höherer Ölpreis zu steigenden Ausgaben. Dabei ist zu beachten, dass ein höherer Preis nicht nur für die zusätzlich nachgefragte Menge, sondern für die gesamte Nachfragemenge bezahlt werden muss.

> Ein Beispiel: Die USA importieren 10 Millionen Barrel Öl zu einem Preis von 50 Dollar pro Barrel. Die Rechnung für importiertes Öl beläuft sich somit auf 500 Millionen Dollar. Fragen die USA nun 11 Millionen Barrel Öl nach, und der Preis steigt von 50 auf 51 Dollar, so beträgt die Rechnung 561 Millionen Dollar. Obwohl Nachfrage und Preis um jeweils nur eine Einheit ansteigen, erhöht sich die Rechnung um 61 Millionen Dollar (10 Millionen Dollar für die ursprünglichen 10 Millionen Barrel und 51 Millionen Dollar für die zusätzliche 1 Million Barrel).

Zweitens können höhere Ölpreise zu Änderungen der aggregierten Nachfrage und zu Anpassungsprozessen in der Produktion führen. In der Regel haben Ölpreisschocks, aber auch graduelle Preissteigerungen einen mindernden Effekt auf die wirtschaftliche Wachstumsrate.

Drittens führt ein Ölpreisanstieg zu einem Vermögenstransfer von amerikanischen Konsumenten zu ausländischen Produzenten. Kommt es zu keinem ausgleichenden Transfer, z.B. über amerikanische Exporte, nimmt das amerikanische Volkseinkommen ab. (Greene & Ahmad, 2005, S. 7)

Jede zusätzlich nachgefragte Einheit Öl (bzw. Kraftstoff) wird die Monopsonmacht der USA und damit die möglichen negativen Konsequenzen für die Volkswirtschaft erhöhen. Diesen Zusammenhang kennzeichnet der Monopsonaufschlag. Der Monopsonaufschlag beschreibt die marginale Änderung der zu erwartenden volkswirtschaftlichen Verluste durch eine Steigerung der Ölnachfrage um eine weitere Einheit. (Leiby, 2007, S. 32)

Generell gilt: Je höher der Anteil der USA an der Weltnachfrage, desto größer ist die Monopsonmacht der USA. (Leiby, 2007, S. 28) Im Jahr 2008 stellten die USA 23% der Welterdölnachfrage. (Energy Information Administration EIA, 2009b)

Land/Region	% der Welterdölnachfrage 2008	
OECD		55,39
USA	22,37	
Japan	5,55	
OECD-Europa	17,78	
Andere OECD-Länder	9,69	
Nicht-OECD		44,61
China	9,31	
Andere Nicht-OECD-Länder	35,3	
Weltnachfrage		100

Tabelle 1: Welterdölnachfrage 2008

Quelle: (Energy Information Administration EIA, 2009b)

Markstörungsaufschlag

Der Marktstörungsaufschlag ist die zweite Komponente der Ölabhängigkeit und beschreibt die negativen volkswirtschaftlichen Auswirkungen des Ölkonsums, die über den Mechanismus der Marktstörung entstehen.

Marktstörungen können in Form exogener Angebots- oder Nachfrageschocks auftreten. Sie schaden der amerikanischen Volkswirtschaft, da stark verändernde Ölpreise zu Unsicherheiten bezüglich zukünftiger Produktions-, Konsum- und Investitionsentscheidungen führen. Auch führen durch Ölpreiserhöhungen hervorgerufene Preissteigerungen zu Anpassungsdruck auf Löhne und Preise. Dies kann besonders in der kurzen Frist zu erheblichen Beeinträchtigungen der wirtschaftlichen Leistungsfähigkeit führen. (Parry & Darmstadter, 2003)

Die Effekte einer Marktstörung hängen im hohen Maße von der Ölintensität der Volkswirtschaft ab. Je mehr Öl in Relation zum BIP nachfragt wird, desto stärker werden die Auswirkungen einer Marktstörung ausfallen. (Greene & Jones, 1995, S. 27)

Da ein einzelner Autofahrer diesen Effekt bei seiner zusätzlichen Kraftstoffnachfrage nicht antizipiert, handelt es sich bei der Markstörung um eine negative Externalität des

Kraftstoffverbrauchs. Der Marktstörungsaufschlag beschreibt die dabei anfallenden negativen externen Kosten. Gelingt es durch Internalisierung der negativen externen Kosten den Kraftstoffverbrauch zu reduzieren, so sinkt auch die Anfälligkeit der amerikanischen Volkswirtschaft für Marktstörungen. Die USA könnten somit erhebliche negative Auswirkungen auf Wirtschaftswachstum, Einkommen und Wohlstand vermeiden. (Leiby, 2007, S. 16)

Militäraufschlag

Militärausgaben, die ebenfalls als externe Kosten des Ölkonsums aufgefasst werden können, werden in der Regel nicht in einschlägige Studien aufgenommen.

Ausschlaggebend ist, dass Militärausgaben zum Schutz von Ölreserven nicht klar von anderen militärischen Zielen unterschieden werden können und auch kein direkter Zusammenhang zwischen Truppenstärke und marginalen Nachfrageänderungen nach Öl besteht. (Parry & Darmstadter, 2003, S. 19f.)

Insgesamt ist Ölabhängigkeit, mit ihren Komponenten Monopsonmacht und Markstörung eine bedeutende negative Externalität des Kraftstoffverbrauchs und wird daher in die quantitative Untersuchung aufgenommen.

2.2.4 Internalisierung externer Kosten

Die externen Effekte des Kraftstoffverbrauchs führen zu suboptimaler Ressourcen-allokation sowie zu Umweltschäden und Beeinträchtigungen der volkswirtschaftlichen Leistungsfähigkeit.

Die neoklassische Theorie zeigt in diesem Fall einen klaren Lösungsweg auf: Eine nutzenmaximierende Gesellschaft wird unter wohlfahrtsoptimierenden Gesichts-punkten eine Behebung dieses Marktversagens als wünschenswert erachten und eine Internalisierung der externen Kosten herbeiführen wollen. (Kleinewefers, 2008, S. 119) Internalisierung bedeutet dabei, dass die externen Kosten oder Nutzen einer wirtschaftlichen Aktivität in das Kostenkalkül des Verursachers integriert werden.

Bei einer Internalisierung negativer Externalitäten werden die marginalen externen Kosten jeder weiteren Einheit des konsumierten oder produzierten Gutes dem Verursacher angelastet. Somit werden die marginalen externen Kosten in die private

Kostenrechnung des Verursachers aufgenommen und bei der weiteren Ressourcen-nutzung berücksichtigt. Durch eine vollständige Internalisierung wird sich die private marginale Kostenkurve so erhöhen, dass sie mit der marginalen sozialen Kostenkurve übereinstimmt. Beim Schnittpunkt mit der Nachfragekurve wird der Preis die Knappheitsverhältnisse der eingebrachten Güter vollständig widerspiegeln und es wird weder zu Unter- noch zu Überkonsum (bzw. Unter- oder Überproduktion) des Gutes kommen. (Baumol & Blinder, 1985, S. 543)

In Abbildung 1 wird die Mobilitätsmenge OF betragen, die Mobilitätskosten werden sich auf OD belaufen. Im Vergleich zur Situation mit externen Effekten wird nun weniger Mobilität (OF gegenüber OC) bei höherem Preis (OD gegenüber OB) nachgefragt.

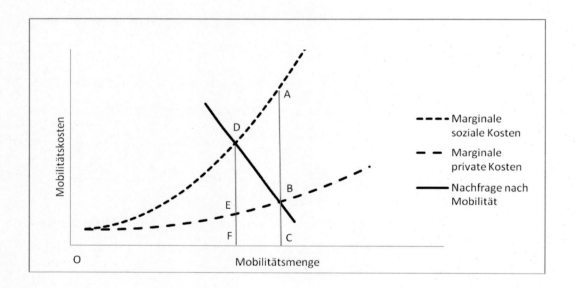

Abbildung 1: Marginale externe Kosten der Mobilität
Quelle: (Dobes, 1998)

Die Fähigkeit, externe Effekte zu internalisieren wird dem Staat zugeschrieben, da er durch sein Gewaltmonopol nicht auf die Freiwilligkeit der Marktakteure angewiesen ist und auf volkswirtschaftlicher Ebene in Märkte einzugreifen kann. Mit Sanktionen kann er seinen Forderungen Nachdruck verschaffen. Die wohlwollende Haltung des Staates wird dabei als gegeben angenommen.

2.3 Staatliche Internalisierungsmaßnahmen

Dem Staat stehen zahlreiche Möglichkeiten zur Verfügung, externe Effekte zu internalisieren. Im Folgenden gehe ich kurz auf fünf Möglichkeiten staatlicher Intervention ein: Gebote, freiwillige Internalisierung, Übertragung von Eigentumsrechten, Verbote und Regulierungen sowie fiskalische Mittel.

2.3.1 Möglichkeiten der staatlichen Internalisierung

2.3.1.1 Gebote

Eine erste Möglichkeit staatlicher Intervention sind Gebote. Es handelt sich dabei um Handlungsanweisungen, deren Befolgung rechtlich nicht erzwungen werden kann, da Sanktionen oder Kompensationen fehlen.

Gebote können gewisse Erfolge verzeichnen, nämlich dann, wenn sie als sinnvoll angesehen werden. Da ihnen in letzter Konsequenz jedoch die Sanktionsmöglichkeiten fehlen, sind sie kein geeignetes staatliches Mittel, um die Externalitäten des Kraftstoffverbrauchs zu internalisieren. (Kleinewefers, 2008, S. 145)

2.3.1.2 Freiwillige Internalisierung

Eine zweite Möglichkeit ist die Erziehung zur freiwilligen Vermeidung von Externalitäten, z.B. durch Umweltschutzerziehung in Schulen. Dies kann langfristig Erfolge aufweisen, besonders wenn sich in der Gesellschaft ein Wertewandel bezüglich der Verwendung eines Rohstoffes vollzieht. Allerdings kann nicht in allen Bereichen, in denen eine Internalisierung notwendig ist, von einem solch positiven Effekt ausgegangen werden. Auch können freiwillige Programme selten punktgenau und kaum in vollem Maße zu einer Internalisierung führen, da ihnen die notwendigen Sanktionen ebenso fehlen wie den Geboten.

Wie eine Untersuchung der *International Energy Agency* gezeigt hat, konnten freiwillige Programme zur Verbesserung der Kraftstoffwirtschaftlichkeit in Ländern wie Japan, Korea, aber auch Canada und der EU ihre gesteckten Ziele nicht erreichen.

Japan und Korea sind daher bereits auf verpflichtende Programme umgestiegen. Europa und Kanada erwägen einen solchen Schritt. (Onoda, 2008, S. 7f.)

Zur Internalisierung der externen Kosten von Ölabhängigkeit und CO_2-Ausstoß sind freiwillige Maßnahmen daher nicht ausreichend. (Kleinewefers, 2008, S. 147)

2.3.1.3 Übertragung von Eigentumsrechten

Eine dritte Möglichkeit besteht in der Internalisierung durch Übertragung von Eigentumsrechten, wie sie das Coase-Theorem beschreibt. Hierbei werden positive externe Effekte als Outputs und negative externe Effekte als Inputs betrachtet. Hätten all diese Inputs und Outputs Besitzer, so müsste ein jeder Emittent ein entsprechendes Entgelt für die Verursachung von externen Kosten zahlen und diese wären somit internalisiert. (Kleinewefers, 2008, S. 143f.)

Leider ist diese in der Theorie so plausible Lösung des Problems in der Wirklichkeit oftmals unbrauchbar. Es bleibt ungeklärt, wie man den Folgen externer Effekte - z.B. Erderwärmung durch CO_2-Ausstoß - einem Besitzer zuordnen kann. Es bleibt ungeklärt, wie jeder Besitzer über den Gebrauch seines Besitzes zu jeder Zeit umfassend informiert sein kann. Auch ist fraglich wie man sicherstellen kann, dass Besitzer von ihren Besitzrechten Gebrauch machen und mit dem Emittenten über die Nutzung der In- und Outputs verhandeln. Besonders im Bereich des CO_2-Ausstoßes im Transportsektor stimmt der Personenkreis der Verursacher und der Geschädigten oftmals überein (wenn auch das Ausmaß der verursachten Schädigung und der erlebten Schäden unterschiedlich ausfällt). Das Eigentumsrecht kann hier den Besitzer nicht dazu bringen, mit sich selbst Entgelte auszuhandeln. Die Übertragung von Eigentumsrechten ist daher keine praktikable Lösung, um die externen Kosten von Ölabhängigkeit und CO_2-Ausstoß zu internalisieren. (Kleinewefers, 2008, S. 143)

2.3.1.4 Verbote und Regulierungen

Eine vierte Möglichkeit sind Verbote und Regulierungen. Im Gegensatz zu bloßen freiwilligen Internalisierungen oder Geboten werden hier Gesetze verabschiedet und Kontrollinstanzen etabliert. So können Umfang der Verbote und Regulierungen festgelegt, aber auch Sanktionen verhängt und durchgesetzt werden. Anders als Eigentumsrechte sind Verbote und Regulierungen leichter administrierbar.

Der Nachteil von Verboten ist, dass sie nicht alle Marktteilnehmer im gleichen Ausmaß betreffen, da die Marktteilnehmer unterschiedliche Vermeidungskosten- und Möglichkeiten haben. So kann z.B. das Verbot eines bestimmten Schmieröls die Lebensmittelindustrie nur tangieren, während die Automobilindustrie stark betroffen ist, da sie nicht die Möglichkeit hat, diese Substanz ohne Weiteres durch eine andere Substanz zu ersetzen.

Darüber hinaus sind Verbote nur sinnvoll, wenn eine Externalität völlig unterbunden werden soll. So könnte ein absolutes Fahrverbot in den USA zwar den CO_2-Ausstoß des Transportsektors unterbinden, nicht jedoch den CO_2-Ausstoß andere Sektoren und Industrien. Darüber hinaus wäre ein solches Verbot ein unverhältnismäßiges Vorgehen, da Mobilität im Allgemeinen nutzenstiftend ist. Für die Internalisierung der hier behandelten Externalitäten sind Verbote daher nicht sinnvoll. (Kleinewefers, 2008, S. 145f.)

Regulierungen sind gegenüber Verboten in ihrer Anwendung flexibler. So kann eine Regulierung besagen, dass eine giftige Chemikalie nur zu einem bestimmten Prozentanteil in einem Schmieröl enthalten sein darf. Diese Regulierung würde alle Marktteilnehmer in gleicher Weise betreffen.

Der Nachteil einer Regulierung ist jedoch, dass Marktteilnehmer wenig Anreiz haben, Externalitäten über die Maßgabe der Regulierung hinaus zu reduzieren. Somit steht der Staat vor der Herausforderung, ein gesetztes Internalisierungsziel treffsicher zu erreichen, oder das Ziel immer wieder neu zu setzen, wenn sich die äußeren Umstände geändert haben. (Fritsch u. a., 2005, S. 118f.) Der CAFE-Standard ist ein Beispiel für eine konkrete Regulierung im amerikanischen Transportsektor.

2.3.1.5 Fiskalische Internalisierung

Eine fünfte Möglichkeit ist die fiskalische Internalisierung. Hierbei werden positive Externalitäten finanziell unterstützt, z.B. durch Subventionen, während negative Externalitäten finanziell belastet werden, z.B. durch Steuern. Eine Subvention führt in der Regel dazu, dass Produktion oder Konsum eines Gutes ausgedehnt werden. Eine Steuer wird Produktion oder Konsum eines Gutes drosseln (abhängig von den Elastizitäten). So kann eine Steuer dafür sorgen, dass der Überkonsum von Kraftstoff und die dadurch entstehenden externen Kosten abgebaut werden. Wie bei den Regulierungen wird auch hier die Aktivität nicht vollständig unterbunden. Dies ist sinnvoll, denn nicht der Kraftstoff, sondern nur dessen Überkonsum wird als wohlfahrtsmindernd eingeschätzt. (Munday, 2000, S. 64)

Für Steuern spricht ein relativ geringer bürokratischer Aufwand, wenn Kontroll-institutionen wie Finanzämter erst einmal etabliert sind. Andererseits muss für eine fiskalische Internalisierung der monetäre Wert der externen Kosten bekannt sein – und das ist mit großen Unsicherheiten verbunden. Außerdem besteht die Gefahr, dass diese Maßnahmen für andere politische Ziele genutzt werden, z.B. zur Haushaltskonsolidierung oder zur Umverteilung. Die Wirkung der fiskalischen Internalisierung auf die Reduzierung externer Effekte könnte somit verzerrt werden. (Kleinewefers, 2008, S. 145)

Wie gezeigt wurde, sind Gebote, freiwillige Maßnahmen und die Übertragung von Eigentumsrechten für die hier behandelten Externalitäten nicht geeignet. Daher werden in dieser Studie nur die beiden letztgenannten staatlichen Internalisierungs-möglichkeiten - Regulierungen und Steuern - näher betrachtet.

Das Thema „Staatsversagen" schließt sich einer Diskussion über Marktversagen und Staatsintervention direkt an. In dieser Studie wird darauf jedoch nicht eingegangen.

2.3.2 Internalisierungsmaßnahmen im amerikanischen Transportsektor

Im amerikanischen Transportsektor existieren zahlreiche Steuerungsinstrumente zur Internalisierung externer Effekte. So wird über die Versicherungspflicht ein Teil der externen Kosten von Unfällen internalisiert, über Emissionsraten werden die negativen externen Kosten der lokalen Luftverschmutzung internalisiert. In Bezug auf die externen Kosten des Kraftstoffkonsums, nämlich Ölabhängigkeit und CO_2-Ausstoß, existieren zwei mögliche Steuerungsinstrumente, der CAFE-Standard und die Kraftstoffsteuer, die im Folgenden kurz vorgestellt werden.

2.3.2.1 CAFE-Standard

Der *Corporate Average Fuel Economy Standard* (CAFE-Standard) ist eine staatliche Regulierung und wurde in Folge der Ölkrise 1973 vom Kongress durch den *Energy Policy and Conservation Act* im Jahr 1975 etabliert.

Es handelt sich dabei um einen Kraftstoffwirtschaftlichkeitsstandard, der eine Kraftstoffverbrauchsuntergrenze in Meilen pro Gallone (MPG) für die verkaufsgewichtete Neuwagenflotte eines jeweiligen Modelljahres, beginnend mit dem Jahr 1978, angibt.

Ziel dieser wirtschaftspolitischen Maßnahme waren zunächst Kraftstoffeinsparungen durch erhöhte Kraftstoffeffizienz und somit größere Ölunabhängigkeit. Später wurde auch die Reduzierung des CO_2-Ausstoßes durch verringerten Kraftstoffkonsum zur Zielsetzung des CAFE-Standard. (Crandall, 1992, S. 172)

Der CAFE Standard unterscheidet zwischen Personenkraftwagen (Passenger Cars) und Kleinlastwagen (Light Trucks), wobei für Personenkraftwagen strengere Kraftstoffwirtschaftlichkeitsstandards gelten.

Als Personenkraftwagen (PKW) gelten alle Fahrzeuge mit 4 Rädern, die für Transporte von weniger als 11 Personen, nicht jedoch für den Off-Road-Betrieb konzipiert sind. Eine Zwei-Flotten-Regelung unterscheidet zwischen importieren und im Inland hergestellten Wagen. Als Kleinlastwagen (KLW) gelten alle Fahrzeuge mit 4 Rädern, die mehr als 10 Personen transportieren können, oder die für den Off-Road-Betrieb bestimmt sind. Sie müssen daher einen 4-Rad-Antrieb und ein Gewicht zwischen 6000 Pfund (unbeladen) und 8500 Pfund (voll beladen) vorweisen können. Eine Zwei-Flotten-Regelung gibt es für Kleinlastwagen seit 1996 nicht mehr. (National Highway Traffic Safety Administration, o. J.)

Der CAFE Standard findet vor allem auf Fahrzeuge des privaten Personenverkehrs Anwendung. Pickup Trucks, Sports Utility Vehicles (SUVs) und Vans werden auf Grund ihres 4-Rad-Antrieb als Kleinlastwagen klassifiziert und unterliegen damit den weniger strengen Standards dieser Fahrzeugkategorie. Dies lässt sich darauf zurückführen, dass SUVs und Vans in den 1970er Jahren noch unbekannte Fahrzeugtypen waren und daher bei der Klassifizierung keine besondere Berücksichtigung fanden. (Yacobucci, 2003)

Gewerblich genutzte Fahrzeuge wie etwa Lastkraftwagen oder Landwirtschafts-maschinen bleiben vom CAFE Standard ausgeschlossen, auch auf Grund der Annahme, dass in diesem Bereich auf die Kraftstoffwirtschaftlichkeit der Fahrzeuge viel Wert gelegt wird und eine staatliche Regulierung daher nicht nötig ist. (Onoda, 2008, S. 29) Durch diese Regelung unterliegen jedoch besonders schwere Vans, Pickup Trucks oder SUVs, die im privaten Personenverkehr genutzt werden, nicht dem CAFE Standards. (National Highway Traffic Safety Administration, o. J.)

Der CAFE-Standard ist eine an die Produzenten gerichtete Regulierung und wird von der *National Highway Traffic Safety Administration* (NHTSA) jährlich neu festgelegt und überwacht. Die Einhaltung des CAFE-Standards wird wie folgt ermittelt:

$$\frac{Gesamtproduktionsvolumen}{\frac{Produktionsvolumen\ Modell\ A}{Kraftstoffwirtschaftlichkeit\ Modell\ A} + \frac{Produktionsvolumen\ Modell\ B}{Kraftstoffwirtschaftlichkeit\ Modell\ B} + \frac{Produktionsvolumen\ Modell\ C}{Kraftstoffwirtschaftlichkeit\ Modell\ C}}$$

Abbildung 4: Bestimmung der Kraftstoffwirtschaftlichkeit einer Flotte
Quelle: (National Highway Traffic Safety Administration, o. J.)

Die Neuwagenflotte eines Autoherstellers wird in drei Kategorien aufgeteilt, die jede einzeln den festgesetzten CAFE Standard erfüllen muss: 1) inländisch produzierte PKW, 2) importierte PKW und 3) Kleinlastwagen. Größere LKW mit einem Gewicht von mehr als 8500 Pfund werden aus der Kalkulation ausgeschlossen.

Für jedes Modell innerhalb der drei Kategorien wird die Kraftstoffwirtschaftlichkeit ermittelt, alle Autos eines Modells werden addiert (Produktionsvolumen) und durch die Kraftstoffwirtschaftlichkeit des Modells geteilt. Auf diese Weise wird die gewichtete Kraftstoffwirtschaftlichkeit eines Fahrzeugmodells ermittelt.

Schließlich wird die Anzahl der Fahrzeuge in der gesamten Flotte (Gesamt-produktionsvolumen) durch die Summe der einzelnen gewichteten Kraftstoffwirt-schaftlichkeiten geteilt. Das Ergebnis ist die Kraftstoffwirtschaftlichkeit der gesamten Autoflotte eines Herstellers innerhalb der drei genannten Kategorien.

Durch die Gewichtung der Kraftstoffwirtschaftlichkeiten ist es nicht nötig, dass jedes einzelne Automodell den CAFE-Standard erfüllt. Stellt ein Hersteller relativ mehr Autos her, die den Standard leicht überschreiten und relativ weniger Autos die den Standard nicht erfüllen, so können innerhalb der Flotte Kraftstoffwirtschaftlichkeiten ausgeglichen werden. (National Highway Traffic Safety Administration, o. J.)

Bei Nichteinhaltung des CAFE Standards droht dem Hersteller eine finanzielle Strafe in Höhe von 55 Dollar pro Meile pro Gallone. (Bamberger & Yacobucci, 2008)

Amerikanische Autohersteller haben, um zivilrechtliche Klagen zu vermeiden, bis zum heutigen Tag die CAFE-Regelung kein einziges Mal verletzt. Der CAFE-Standard ist demnach eine staatliche Regulierung, an die sich alle betroffenen amerikanischen Produzenten gebunden fühlen. (Kleit, 2002a)

Anders verhält es sich bei ausländischen Produzenten, die seit Einführung des CAFE-Standards regelmäßig Strafen gezahlt haben. Insgesamt hat die US Regierung seit der Einführung des CAFE-Standard über 772 Millionen Dollar Strafe eingenommen (inklusive des Modelljahres 2007). (National Highway Traffic Safety Administration, 2009a) Tabelle 2 zeigt die CAFE-Strafzahlungen des Jahres 2006.

Modelljahr	Hersteller	Strafzahlung in Dollar
2006	Ferrari North America	842.160
2006	Maserati Automobiles of America	1.407.367
2006	BMW of North America	5.056.012
2006	Porsche Cars North America	4.599.864
2006	Volkswagen of America	1.007.572
2006	DaimlerChrysler Corp.	30.257.920

Tabelle 2: CAFE-Strafzahlungen 2006

Quelle: (National Highway Traffic Safety Administration, 2009a)

Übersteigt hingegen die Kraftstoffwirtschaftlichkeit einer Flotte den vorgeschriebenen CAFE-Standard, erwirbt der Herstellen so genannte CAFE-Kredite. Diese kann er, allerdings nur in der Fahrzeugsparte, in der er die Kredite generiert hat, entweder für die kommenden drei Jahre (carry forward) oder rückwirkend auf die letzten drei Jahre (carry back) als Ausgleich für nicht erreichte Standards nutzen. Nach Ablauf von drei Jahren verfallen die Kredite. (Portney u. a., 2003, S. 213) Seit 2007 ist der Handel mit CAFE-Krediten zwischen Herstellern erlaubt. (U.S. Kongress, 2007)

Ein durchschnittlicher Personenkraftwagen hatte ihm Jahr 1975 einen Verbrauch von 14,0 MPG. Die gesamte Autoflotte, inklusive Lastkraftwagen, wies einen durch-schnittlichen Kraftstoffverbrauch von 12,2 MPG auf. (Energy Information Administration EIA, 2009c, S. 57)

Bis zum Jahr 1985 wurde der CAFE Standard auf 27,5 MPG für Personenkraftwagen und 19,5 MPG für Kleinlastwagen angehoben. Die Kraftstoffwirtschaftlichkeit eines neuen Personenkraftwagens erhöhte sich somit zwischen 1978 und 1985 um 60%.

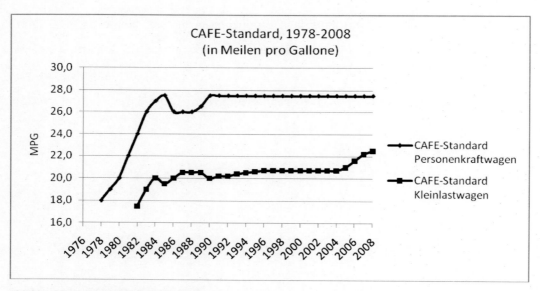

Abbildung 5: CAFE-Standard, 1978-2008

Quelle: (National Highway Traffic Safety Administration, 2009b)

Bis 1985 konnte die Kraftstoffwirtschaftlichkeit eines durchschnittlichen Personenkraftwagens, also inklusive älterer Modelle, auf 17,5 MPG, die durchschnittliche Kraftstoffwirtschaftlichkeit der gesamten Fahrzeugflotte auf 14,6

MPG angehoben werden (siehe Abbildung 6). (Energy Information Administration EIA, 2009c) Erreicht wurde dies in der relativ kurzen Zeit (1978 bis 1985) vor allem durch Gewichtsreduzierung, verbesserte Stromlinienform der Fahrzeuge und Verwendung von Direkteinspritzung des Kraftstoffes in den Motor. (Bamberger & Yacobucci, 2008)

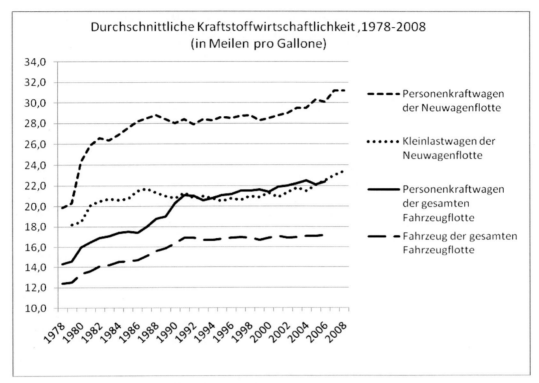

Abbildung 6: Durchschnittliche Kraftstoffwirtschaftlichkeit, 1978-2008

(National Highway Traffic Safety Administration, 2009b), (Energy Information Administration EIA, 2009c)

Nach anfänglichen Erfolgen verlor der CAFE-Standard an Kraft. So wurde der CAFE-Standard der Kleinlastwagenflotte zwischen 1985 und 2008 nur um 3 MPG, nämlich auf 22,5 MPG, erhöht. Der CAFE Standard der Personenkraftwagen wurde, abgesehen von Senkungen in den Jahren 1986 bis 1989, konstant bei 27,5 MPG gehalten (siehe Abbildung 5). (National Highway Traffic Safety Administration, 2009b) Die steigende Konsumentenpräferenz für große Fahrzeuge, z.B. SUVs[6], die entweder dem weniger stringenten Kleinlastwagenstandard unterliegen oder völlig vom CAFE-Standard befreit

---

[6] Der Marktanteil großer SUVs ist zwischen 1990 und 2007 von 1,9% auf 26,4% gestiegen. Der Marktanteil mittlerer SUVs sogar von 11,7% auf 30,2%. (Bureau of Transportation Statistics, 2009b)

sind, hat dafür gesorgt, dass die Kraftstoffwirtschaftlichkeit der gesamten Flotte zwischen 1978 und 2007 nur moderat von 12,4 auf 17,2 MPG gestiegen ist. Abbildung 6 verdeutlicht diese Entwicklung. (National Highway Traffic Safety Administration, 2009b), (Energy Information Administration EIA, 2009c)

Insgesamt konnte also der CAFE-Standard die Kraftstoffwirtschaftlichkeit der gesamten Flotte nur geringfügig verbessern. Die Erfolge des CAFE-Standard in Bezug auf Kraftstoffreduzierung und Minderung des CO_2-Ausstoßes sind demnach, je nach Einschätzung der notwendigen Reduzierungen, umstritten.

2.3.2.2 Kraftstoffsteuer

In den USA existieren Kraftstoffsteuern seit 1919 auf Einzelstaatenebene und seit 1932 auf Ebene des Bundes (Sektion 617(a) des *Revenue Act* von 1932). Die erste bundesweite Benzinsteuer betrug 1 Cent pro Gallone und wurde auf Produzentenebene erhoben. Für das Fiskaljahr 1933 wurden damit 124,9 Millionen Dollar für den Haushalt generiert, immerhin 7,7% der gesamte Staatseinnahmen von 1,62 Milliarden Dollar in diesem Jahr. (Talley, 2000)

Auch heute existieren Einzelstaaten- und Bundessteuern nebeneinander, wodurch sich teilweise stark variierende Kraftstoffsteuern in verschiedenen Einzelstaaten ergeben. So müssen z.B. in Alaska 18,4 Cent Steuern pro Gallone Benzin entrichtet werden, in New York hingegen 60,9 Cent pro Gallone Benzin.

Im bundesweiten Durchschnitt beläuft sich die Benzinsteuer aktuell (April 2009) auf 45,6 Cent pro Gallone, die Dieselsteuer auf 50,8 Cent pro Gallone. (American Petroleum Institute, 2009) In Anhang D findet sich eine Übersicht über die aktuellen Benzin- und Dieselsteuern der Einzelstaaten der USA.

Exkurs: *Highway Trust Fund*

   1956 wurde die Bundeskraftstoffsteuer durch den *Federal-Aid Highway Act* erstmals zweckgebunden, um das Straßennetz bundesweit auszubauen. Der *Highway Trust Fund* wurde ins Leben gerufen, um die Einnahmen zu verwalten und Straßenbauprojekten zuzuteilen. (Talley, 2000)

   In den folgenden Jahren wurden Teile der Benzinsteuer für andere Zwecke gebunden. Seit 1964 fließt ein Teil der Einnahmen des *Highway Trust Fund* in die Förderung öffentlicher Verkehrsmittel, seit 1986 werden je 0,1 Cent pro Gallone für die Sicherung, Abdichtung und Beseitigung von Lecks unterirdischer Öllager verwendet. (Talley, 2000)

Der *Highway Trust Fund* wird zu 84% durch Kraftstoffsteuern finanziert. Die übrigen Einnahmen speisen sich aus Steuern auf flüssiges Erdgas, Flüssiggas, Gasohol und M85-Kraftstoff[7], LKW-Reifen, LKW- und Trailerverkäufe sowie die Nutzung von Schwerfahrzeugen. (Siggerud, 2006, S. 4) Im Jahr 2006 hatte der *Highway Trust Fund* ein Budgets von 33,91 Milliarden Dollar (nominal) zur Verfügung. (Federal Highway Administration, 2008)

Die Benzin- und Dieselsteuer wird auf Produzentenebene erhoben. Da die Einnahmen auf diese Weise nur in denjenigen Einzelstaaten generiert werden, wo sich Produzenten, Importeure, Raffinerien etc. befinden, müssen die Einnahmen des *Highway Trust Fund* zum Zwecke der späteren Zuteilung von der *Federal Highway Administration* auf die Einzelstaaten umgelegt werden. Dies erfolgt über Angaben der Einzelstaaten zu Benzin- und Dieselverbrauch ihrer Bevölkerung, die sie wiederum aus ihren Einnahmen durch Kraftstoffsteuern ermitteln.

Die *Federal Highway Administration* approximiert auf diese Weise die Ausgaben der Konsumenten in jedem Staat. Auf dieser Grundlage verteilt der *Highway Trust Fund* das Budget auf Straßenbauprojekte der jeweiligen Einzelstaaten. (Siggerud, 2006, S. 6)

Da die Kraftstoffsteuern zum Bau neuer und Reparatur alter Straßen genutzt wird, handelt es sich bei der bisher bestehenden Steuer um ein fiskalisches Internalisierungsinstrument der Externalität Straßenverschleiß. Dies bedeutet für die spätere quantitative Untersuchung: die bereits erhobenen Kraftstoffsteuern dienen nicht der Internalisierung der externen Kosten von Ölabhängigkeit und CO_2-Ausstoß. Daher kann auch keine Aussage über den Erfolg oder Misserfolg der bisherigen Steuer in Bezug auf Kraftstoffeinsparungen und Reduzierung des CO_2-Ausstoßes getroffen werden.

Kraftstoffsteuern, die eine Internalisierung der hier behandelten Externalitäten herbeiführen sollen, müssen zusätzlich zur bereits bestehenden Kraftstoffsteuer erhoben werden.

---

[7] Flüssiggas: auch bezeichnet als „Liquified Petroleum Gas"; Heizgas, Kochgas, Kraftstoff
Gasohol: Benzin-Alkohol-Gemisch; 90% Benzin, 10% Alkohol; Kraftstoff
M85-Kraftstoff: Benzin-Methanol-Gemisch; 15% Benzin, 85% Methanol; Kraftstoff

3. Monetäre Bewertung

In diesem Kapitel werden die Schäden durch CO_2-Ausstoß und Ölabhängigkeit quantifiziert und monetär bewertet. So werden die marginalen externen Kosten ermittelt, um sie später in Form einer Kraftstoffsteuer auf den Kraftstoffpreis anwenden zu können.[8]

Die marginalen Schadenskosten (marginale externe Kosten) des CO_2-Ausstoßes werden in der gängigen Literatur pro Tonne CO_2, die Schadenskosten der Ölabhängigkeit pro Barrel Öl berechnet. Beides lässt sich jedoch in Dollar pro Gallone Benzin und Diesel umwandeln, damit sie auf den Transportsektor der USA angewandt werden können. In der quantitativen Untersuchung wird später nur der Kraftstoff Benzin betrachtet. Diesel hat einen solch geringen Anteil am amerikanischen Kraftstoffkonsum, dass er im Rahmen dieser Untersuchung vernachlässigt wird.

Es sei hier angemerkt, dass Schadenskosten nicht automatisch mit den negativen externen Kosten einer Externalität übereinstimmen. Dies ist nur der Fall, wenn noch keinerlei Schadenskosten internalisiert wurden. Liegt bereits eine Internalisierung vor, z.B. in Form einer Steuer, muss diese zunächst von den Schadenskosten subtrahiert werden, um die noch ausstehenden negativen externen Kosten zu ermitteln. Im amerikanischen Transportsektor gibt es bereits eine Kraftstoffsteuer. Da diese jedoch zur Internalisierung der Externalität Straßenverschleiß genutzt wird, zählt im Zuge dieser Untersuchung die vorhandene Kraftstoffsteuer nicht als bereits vorgenommene Internalisierung der negativen externen Kosten von Ölabhängigkeit und CO_2-Ausstoßes. Die hier ermittelten Schadenskosten stimmen also mit den negativen externen Kosten der behandelten Externalitäten überein.

3.1 Vorüberlegungen

Um Schäden, die durch CO_2-Ausstoß und Ölabhängigkeit entstehen, monetär bewerten zu können, müssen zunächst Wirkungsketten identifiziert werden.

---

[8] Es wird in dieser Arbeit nur auf die Schäden von CO_2-Ausstoß und Ölabhängigkeit eingegangen, nicht deren Nutzen.

Dass heißt für CO_2-Ausstoß: es muss ein Zusammenhang zwischen CO_2-Anreicherungen in der Atmosphäre, dem Klimawandel und den Auswirkungen auf Mensch, Tier und Natur empirisch belegt werden. Für Ölabhängigkeit müssen Zusammenhänge zwischen Ölpreisveränderungen und wirtschaftlicher Leistungsfähigkeit etabliert werden. Dies ist mit großen Unsicherheiten verbunden und in hohem Maße vom Stand der wissenschaftlichen Erkenntnis abhängig. (Bickel & Friedrich, 1995, S. 14)

Der Etablierung von Wirkungsketten folgt die Quantifizierung. Auch hier treten Unsicherheiten auf, vor allem dann, wenn Schäden nicht quantifizierbar sind (z.B. menschliches Leid verursacht durch Naturkatastrophen). (Bickel & Friedrich, 1995, S. 14) Darüber hinaus sorgen unzureichende Messmethoden oder fehlende Datensätze ebenfalls für Unsicherheiten. Die Unsicherheiten der Quantifizierung überschneiden sich häufig mit den wissenschaftlichen Unsicherheiten.

Die monetäre Bewertung, also die Bewertung in Geldeinheiten, dient der Vergleichbarkeit der quantifizierten Schäden. Man unterscheidet dabei zwischen der monetären Bewertung marktbasierter und nicht-marktbasierter Effekte. (Bickel & Friedrich, 1995, S. 15f)

Marktbasierte Effekte können durch eine Preis- oder Mengenänderung eines auf dem Markt angebotenen Gutes untersucht werden. Im Bereich der CO_2-Emissionen kann z.B. der Klimawandel als Variable der Produktionsfunktion des Gutes Weizen modelliert und somit dessen Auswirkungen untersucht werden. (Goulder & Pizer, 2006, S. 2) Dieser Ansatz weist zunehmende Unsicherheiten auf, je weiter ein Effekt in der Zukunft wirksam wird, da zukünftige Technologien und Preisentwicklungen geschätzt werden müssen.

Nicht-marktbasierte Effekte können weniger präzise modelliert werden, da häufig Preis- oder Mengenveränderungen nicht zu beobachten sind. Ein Beispiel hierfür ist der Verlust einer Tier- oder Pflanzenart durch Erderwärmung. Um dennoch solche Effekte monetär zu bewerten, besteht die Möglichkeit einer Zahlungsbereitschaftsanalyse (*Willingness-to-Pay*). Hierbei wird eine repräsentative Personengruppe über ihre Zahlungsbereitschaft für bestimmte nicht-marktbasierte Güter befragt. Da es sich bei dieser Methode nur um hypothetische Märkte und damit nur um eine Annäherung an tatsächliche Marktpreise handelt, ist dieser Ansatz ebenfalls mit großen Unsicherheiten verbunden. (Krewitt & Schlomann, 2006, S. 15f.) Auch hier nehmen Unsicherheiten zu, je weiter der Untersuchungszeitraum in der Zukunft liegt. (Clarkson & Deyes, 2002, S. 13f.)

Bei der monetären Bewertung muss zwischen Gesamtkosten, marginalen Schadenskosten und Vermeidungskosten unterschieden werden.

Gesamtkosten geben alle durch eine Externalität entstandenen Schäden in Geldwert an. Zur Ermittlung wird von einer hypothetischen Situation ausgegangen, in der keine Schäden, z.B. keine CO_2-Emissionen, auftreten. Dies ist in der Regel eine unrealistische Annahme und impliziert, dass jeglicher Schaden durch eine bestimmte Wirtschaftspolitik unterbunden werden sollte. (Dobes, 1998) Am Beispiel des amerikanischen Transportsektors wird deutlich, warum das Konzept der Gesamtkosten für die weitere Betrachtung ungeeignet ist: Mobilität ist in hohem Maße nutzenstiftend. Eine völlige Unterbindung des privaten Kraftfahrzeugverkehrs steht daher in keinem Verhältnis zu den Kosteneinsparungen durch vermiedene CO_2-Emissionen oder durch völlige Ölunabhängigkeit.

Die marginalen Schadenskosten geben hingegen an, welche Schäden (in Geldwert) durch eine weitere Einheit des konsumierten oder produzierten Gutes in der Zukunft hervorgerufen werden. Durch ihre Bestimmung kann im Zuge einer Internalisierungspolitik jede zusätzliche Einheit des konsumierten oder produzierten Gutes heute mit den Kosten belastet werden, die es in der Zukunft an Schaden hervorruft – Voraussetzung ist natürlich, dass die marginalen Schadenskosten einer regelmäßigen Re-Evaluierung unterworfen werden. So können Kosten vermieden werden, die über das soziale Optimum hinausgehen. (Tol, 2005) Die marginalen Schadenskosten geben also an, welchen Wert eine Gesellschaft theoretisch bereit sein sollte zu zahlen, um den Schaden durch eine weitere Einheit des konsumierten Gutes zu unterbinden und somit den gesellschaftlichen Nutzen zu erhöhen. (Price, Thornton, & Nelson, 2007, S. 2)

Eine dritte Möglichkeit der monetären Bewertung sind Vermeidungskosten. Sie werden häufig verwendet, um ein bestimmtes Ziel, z.B. die Stabilisierung der CO_2-Konzentration in der Atmosphäre auf einem bestimmten Niveau, zu erreichen. (Krewitt, 2007, S. 10) Es handelt sich dabei um diejenigen Kosten, die einem

Unternehmen, einer Industrie oder einem Sektor bei der Vermeidung von Externalitäten entstehen. In der Regel benötigt die erste vermiedene Einheit den geringsten finanziellen Aufwand, danach steigen die Vermeidungskosten mit jeder weiteren Einheit. Mittels einer Kosten-Nutzen-Analyse werden die Vermeidungskosten dem Vermeidungsnutzen einer Externalität gegenübergestellt. Im Rahmen dieses Ansatzes wird also eine Externalität nur soweit reduziert, bis die Vermeidungskosten dem Vermeidungsnutzen einer weiteren Einheit der Externalität entsprechen. (Clarkson & Deyes, 2002, S. 7) Die vollständige Internalisierung der externen Kosten steht bei dieser Internalisierungspolitik im Hintergrund. (Brander, Kuik, & Tol, 2009)

In der quantitativen Untersuchung dieser Studie soll betrachtet werden, in welchem Umfang sich Kraftstoffverbrauch und CO_2-Ausstoß reduzieren lassen, wenn eine Steuer so angesetzt wird, dass die marginalen sozialen Kosten mit den marginalen privaten Kosten des Kraftstoffkonsums übereinstimmen. Dazu müssen die marginalen externen Kosten vollständig internalisiert werden. Es bietet sich demnach an, mit den marginalen Schadenskosten von CO_2-Ausstoß und Ölabhängigkeit zu arbeiten.

Die Schadenskosten von CO_2-Ausstoß werden in der gängigen Literatur meist in Tonnen pro Kohlenstoff (tC) angegeben, nur wenige in Tonnen pro Kohlenstoffdioxid (tCO$_2$). Für eine bessere Vergleichbarkeit werden in dieser Studie alle Schadenswerte in tCO$_2$ angegeben. Dazu werden Angaben in Kohlenstoff mit dem Term 44/12 multipliziert. Es handelt sich dabei um das Verhältnis des molekularen Gewichts von Kohlenstoffdioxid zum molekularen Gewicht von Kohlenstoff. Beispiel: Eine Tonne Kohlenstoff entspricht etwa 3,66 Tonnen Kohlenstoffdioxid (1tC = 44/12tCO$_2$ ≈ 3,66 tCO$_2$).

Werden Angaben in Dollar pro Tonne Kohlenstoff gemacht, muss mit dem Kehrwert, also 12/44 multipliziert werden, um Dollar pro Tonne Kohlenstoffdioxid zu erhalten. Beispiel: Ein Dollar pro Tonne Kohlenstoff entspricht etwa 0,27 Dollar pro Tonne Kohlenstoffdioxid (1\$/tC = 12/44\$/tCO$_2$ ≈ 0,27\$/tCO$_2$). (Office of Transportation and Air Quality, 2005)

3.2 Monetäre Bewertung von CO_2-Ausstoß

3.2.1 Wirkungsketten

Es kann heute wissenschaftlich belegt werden, dass sich die Konzentration des langlebigen CO_2 in der Atmosphäre gegenüber dem vorindustriellen Zeitalter erhöht hat.[9] (Intergovernmental Panel on Climate Change, 2007, S. 37) Dies hat zur Folge, dass allein zwischen 1906 und 2005 die Erdtemperatur um 0,74°C gestiegen ist. Zukünftige Temperatursteigerungen können nur geschätzt werden. Für die nächsten zwei Jahrzehnte wird mit einem weiteren Temperaturanstieg von 0,4°C gerechnet, bis zum Jahr 2099 liegen Schätzungen zwischen 1,1 und 6,4°C vor. (Intergovernmental Panel on Climate Change, 2007, S. 45)

Nach der Oxidation reichert sich CO_2 in der Erdatmosphäre an und wirkt dort wie eine Wärmeglocke, wodurch sich die Atmosphäre aufwärmt und sich das Klima der Erde verändert. Die genauen Wechselwirkungen zwischen CO_2-Anreicherungen in der Atmosphäre und Veränderungen des Weltklimas sowie dessen Auswirkungen auf Ökosysteme, soziale Gefüge und die Wirtschaft sind sehr komplex und mit wissenschaftlichen Unsicherheiten verbunden. Diese betreffen insbesondere:

o   Ausmaß der heutigen CO_2-Emissionen

o   Ausmaß der zukünftigen CO_2-Emissionen

o   Auswirkungen der CO_2-Anreicherungen auf das Klima

o   Identifikation positiver und negativer Effekten durch Klimawandel

(Clarkson & Deyes, 2002, S. 5)

3.2.2 Quantifizierung

In der Literatur über Schadenskosten des CO_2-Ausstoßes wird meist ein Zeitraum bis zum Jahr 2100 betrachtet, bei einigen Studien auch darüber hinaus. So soll ermittelt werden, mit welchen zukünftigen Schäden bei ausbleibenden Maßnahmen in der

---

[9] Die Konzentration von CO_2 in der Atmosphäre ist gegenüber dem vorindustriellen Zeitalter um 35% gestiegen, von 280 ppm auf 379 ppm im Jahr 2005. Ppm steht für „parts per million" und ist eine Maßeinheit für die Konzentration eines Gases. Diese Konzentration wird durch Eisbohrungen bestimmt.

Gegenwart zu rechnen ist. Der lange Zeithorizont erschwert jedoch die Quantifizierung von Schäden, da die Folgen der Erderwärmung in hohem Maß vom tatsächlichen Temperaturanstieg in der Zukunft, der zu erwartenden Technologie sowie den Anpassungsfähigkeiten von Mensch und Natur abhängen. Darüber hinaus handelt es sich um ein globales Problem mit potentiell unendlich vielen Auswirkungen. So können Modelle wie das Integrated Assessment Modell FUND[10] meist nur wahrscheinliche Tendenzen beschreiben. Eine genaue Quantifizierung der Folgen der Erderwärmung ist bis heute nicht möglich.

Die nachfolgend aufgeführten negativen Effekte globaler Erwärmung werden vom *Intergovernmental Panel on Climate Change* als wahrscheinlich eintretende Ereignisse bei fortschreitender Erderwärmung um 0,2°C pro Jahrzehnt eingestuft. Sie sollen hier einen Überblick über die Bandbreite des Phänomens geben:

o Abschmelzen der Gletscher; Verlust von Trinkwasserreserven; Zerstörung der Ökosysteme der Polarregionen

o Anstieg des Meeresspiegels; Landmassenverlust durch Erosion; zunehmende Belastung durch Stürme und Fluten in Küstenregionen und tiefer gelegenen Deltas

o Rückgang des Nahrungsmittelanbaus in trockenen und tropischen Gebieten sowie in niedrigen Höhenlagen; besondere Belastung von tropischen und trockenen Gebieten in Afrika, Asien, Australien und Lateinamerika

o Abnahme der Trinkwasserreserven; allein in Afrika werden Schätzungen zu Folge im Jahr 2020 zwischen 75 und 250 Millionen Menschen von Trinkwasserknappheit betroffen sein

o Störung empfindlicher Ökosysteme durch Temperaturanstiege; Schätzungen gehen davon aus, dass 20 bis 30% der Tier- und Pflanzenarten vom Aussterben bedroht sind, sollte die Erdtemperatur um weitere 1,5 bis 2,5°C steigen (Intergovernmental Panel on Climate Change, 2007)

---

[10] FUND (Climate Framework for Uncertainty, Negotiation and Distribution) wurde 1994 von Richard Tol konzipiert und seither mit Hilfe anderer Wissenschaftler ständig weiterentwickelt. Heutige Versionen des FUND Modells gliedern die Welt in 16 Regionen auf und modellieren die Auswirkungen des Klimawandels auf: Meeresspiegelanstieg, Energieverbrauch, Land- und Forstwirtschaft, Trinkwasser-verfügbarkeit, Gesundheitsschäden, Ökosysteme und ihre biologische Vielfalt. (Forschungsstelle Nachhaltige Umweltentwicklung, Universität Hamburg, 2009)

3.2.3 Methodenunterschiede

Bevor auf einige Besonderheiten der Schadenskosten des CO_2-Ausstoßes eingegangen wird, nehme ich aus Gründen der besseren Übersichtlichkeit einige Ergebnisse vorweg: Tol ermittelt in einer Metaanalyse einen Schätzwert von 16 Dollar pro Tonne CO_2 ($/tCO_2$) für die marginalen Schadenskosten des CO_2-Ausstoßes. (Tol, 2005) Anthoff unterstützt die Ergebnisse von Tol und kommt zu dem Schluss, dass es sich hierbei um einen angemessenen unteren Schätzwert handelt. (Anthoff u. a., 2005) Die Autoren Clarkson und Deyes halten einen Wert von 33/tCO_2$ für eine angemessene mittlere Schätzung der marginalen Schadenskosten des weltweiten CO_2-Ausstoßes. (Clarkson & Deyes, 2002) Der Stern Review betrachtete einen Wert von 102/tCO_2$ als angemessenen oberen Schätzwert für die Folgen des Klimawandels durch CO_2. (Stern, 2007, S. 287)

Es wird deutlich, dass sich eine relativ große Bandbreite möglicher Schadenskosten auftut. Dies beruht vor allem auf Methodenunterschieden bezüglich der erfassten Unsicherheiten, der Diskontierung, der Gewichtung unterschiedlicher Einkommens-niveaus und des betrachteten Zeithorizontes. Im Folgenden werden diese Methoden-unterschiede und ihre Bedeutung für den Schadenswert erläutert, bevor auf die oben genannten Studien noch einmal im Detail eingegangen wird.

3.2.3.1 Unsicherheiten

Downing und Watkiss haben die Auswirkungen der globalen Erwärmung in einer Risiko-Matrix dargestellt. (Downing & Watkiss, 2008)
Die Spalten der Matrix beschreiben die Unsicherheit der monetären Bewertung. Spalte A umfasst marktbasierte Effekte, Spalte B nicht-marktbasierte Effekte und Spalte C soziale, wirtschaftliche und politische Auswirkungen der globalen Erwärmung. Die Unsicherheiten der monetären Bewertung nehmen von Spalte A zu Spalte C zu.
Die Zeilen der Matrix zeigen die Unsicherheit bezüglich der Auswirkungen von Erderwärmung. Sie sind am geringsten, wenn Studien auf relativ gut beschriebenen Trends beruhen (Zeile 1), nehmen jedoch zu, wenn Ereignisse nur mit Unsicherheit beschrieben werden können (Zeile 2) oder wenn Ereignisse mit großer Dynamik und möglichen regionalen Rückkopplungen erfasst werden (Zeile 3). (Krewitt, 2007, S. 145)

Demzufolge weisen Studien des Quadranten A1 die geringsten Unsicherheiten auf, während Studien des Quadranten C3 mit den höchsten Unsicherheiten konfrontiert sind.

Unsicherheiten bzgl. der monetären Bewertung →				
Unsicherheiten bzgl. der Auswirkungen von Erderwärmung ↓		**A** Marktbasierte Güter	**B** Nicht-Marktbasierte Güter	**C** Soziale Folgen
	1 Projektionen (z.B. Anstieg des Meeresspiegels)	Küstenschutz Verlust von Nutzflächen Energiebedarf (Heizen/Kühlen)	Wärmestress Verlust von Feuchtgebieten	Regionale Kosten Auswirkungen auf Investitions-entscheidungen
	2 Bounded Risks (Ereignisse, die nur mit großer Unsicherheit beschrieben werden können)	Landwirtschaft, Forstwirtschaft Wasserversorgung Fluten, Dürren	Änderung von Ökosystemen Gesundheitsschäden	Änderung von Marktstrukturen Änderung komparativer Vorteile
	3 System-veränderungen	Signifikanter Verlust von Land und Ressourcen	Auswirkung auf soziale Strukturen Irreversible Verluste	Regionaler Kollaps

Tabelle 3: Risiko-Matrix nach Downing und Watkiss

Quelle: (Downing & Watkiss, 2008)

Rund 95% der heute vorliegenden Studien zu den Schadenskosten des CO_2-Ausstoßes beschränken sich auf den Quadranten A1. Nur wenige Studien integrieren auch einige nicht-marktbasierte Effekte (Spalte B) oder größere Unsicherheiten (Zeile 2). (Anthoff u. a., 2005, S. 14)

Die Risiko-Matrix veranschaulicht, dass mit dem heutigen Stand der Wissenschaft nur ein Teil der möglichen Auswirkungen der globalen Erwärmung in den Schadenskosten adäquat erfasst wird. Besonders Ereignisse mit möglicherweise sehr hohen Schadenswerten aber nur geringer Eintrittswahrscheinlichkeit bleiben unberücksichtigt. Dies lässt den Schluss zu, dass heute vorliegende Kostenschätzungen die möglichen Auswirkungen der Erderwärmung zum Teil erheblich unterschätzen. (Krewitt & Schlomann, 2006, S. 18)

Nachfolgend wird, falls diese Information vorhanden ist, auf die Einordnung der betrachteten Studie in die Quadranten der Matrix hingewiesen. Es sei jedoch schon vorweggenommen, dass keine Studien der Spalte C oder Zeile 3 vorliegen.

3.2.3.2 Diskontrate

Da viele Schäden der Erderwärmung erst in der Zukunft auftreten, werden in den einschlägigen Studien die zukünftigen Schadenswerte diskontiert. Dabei wird der Wert eines zukünftigen und daher meist unsicheren Schadens durch Multiplikation mit dem Diskontfaktors in einen Gegenwartswert umgerechnet.

Die mathematische Formel des Diskontfaktors lautet $((1/(1+r))^t$, wobei „r" die Diskontrate und „t" den Zeithorizont in Jahren beschreibt. Nachfolgend ein Beispiel für die Auswirkungen der Diskontierung:

Diskontrate	Aktueller Schadenswert eines Schadens von 1000 Dollar in 100 Jahren (in Dollar)
1%	369,71
2%	138,03
3%	52,03
4%	19,80
5%	7,60
6%	2,90

Tabelle 4: Beispiel: Diskontierung eines Schadens

Quelle: Eigene Tabelle

Das Beispiel verdeutlicht: Ein zukünftiger Schaden in Höhe von 1000 Dollar hat bei einer Diskontrate von 1% einen heutigen Wert von 369,71 Dollar. Bei einer Diskontrate von 6% hat derselbe Schaden nur noch einen Gegenwartswert von 2,90 Dollar.

Die Wahl der Diskontrate bestimmt, welche Gewichtung zukünftigen Schäden beigemessen wird. Die Verwendung einer niedrigen Diskontrate wird zu höheren Schaden- und Internalisierungskosten in der Gegenwart führen.

Die zu Grunde liegende Logik der Diskontierung ist eine positive individuelle Zeitpräferenz. Sie besagt, dass uns heutiger Nutzen wichtiger ist, als Nutzen in der Zukunft. Dies trifft besonders dann zu, wenn es sich um eine ferne Zukunft handelt, in der wir schon tot sind. (Anthoff u. a., 2009, S. 3f.) Darüber hinaus ist die Zukunft meist unsicher, also mit Risiko behaftet. Ein risikoaverses Individuum wird daher den Gegenwartsnutzen dem Zukunftsnutzen vorziehen. Diese Annahme führt dazu, dass in der Zukunft stattfindende Kosten oder Nutzen, z.B. Umweltkatastrophen, entwertet werden. Im Bereich der Rohstoffnutzung bedeutet eine Diskontierung, dass die rasche Ausschöpfung von Rohstoffen einem sparsamen Umgang vorzuziehen ist. Die Diskontierung senkt somit unseren ökonomischen Anreiz, Ressourcen zu schonen oder schon heute Maßnahmen zur Reduzierung zukünftiger Schäden zu ergreifen. (Hummel, 1999, S. 2ff.)

Eine Diskontierung ändert nur die heutige Wertschätzung eines Schadens, nicht jedoch den zukünftigen Schaden selbst. Zukünftige Generationen werden die Folgen der globalen Erwärmung, z.B. Ernteausfälle, Trinkwasserknappheit und Naturkatastrophen als reelle, aktuelle Schäden erleben. Um diese Diskrepanz zu lösen, schlagen einige Ökonomen vor, auf die Verwendung einer Diskontrate zu verzichten, z.B. (Hummel, 1999). Andere postulieren sehr geringe Diskontraten, z.B. (Stern, 2007) oder die Verwendung von schrittweise fallenden Diskontraten, z.B. (Weitzman, 1998).

In den einschlägigen Studien zum Thema Schadenskosten des CO_2-Ausstoßes werden meist Schadenskosten für unterschiedliche Diskontraten bzw. pure individuelle Zeitpräferenzen angegeben. In der nachfolgenden Betrachtung einschlägiger Studien wird auf Unterschiede in der Diskontierung hingewiesen werden.

3.2.3.3 Equity Weighting

Die globale Erwärmung kann in verschiedenen Regionen stark unterschiedliche Ausprägungen aufweisen, wie die Ausführungen unter Punkt 3.2.2. zeigen. Die gemäßigten Breiten sind weniger stark betroffen als die Tropen oder Subtropen, reiche Regionen weniger als arme Regionen.

Beim so genannten *Equity Weighting* werden regionalen Unterschiede in Auswirkungen, Entwicklungsstand und Wohlstand gewichtet. Zugrunde liegt das Konzept des abnehmenden Grenznutzens[11]. (Anthoff u. a., 2005, S. 18)

Es lässt sich beobachten, dass die Durchführung eines *Equity Weighting* in der Regel zu höheren Schadenskosten führt. (Anthoff, Hepburn, & Tol, 2006) Wie lässt sich diese Beobachtung erklären? Ausschlaggebend ist die Erkenntnis, dass arme und schlecht entwickelte Regionen stärker von Klimawandel betroffen sind. Werden Schadenskosten für das Einkommensniveau eines Industrielandes wie den USA erhoben und danach auf alle anderen Länder übertragen, so werden die Auswirkungen auf arme Regionen unterschätzt. Findet hingegen ein *Equity Weighting* statt, werden die Auswirkungen auf arme Regionen relativ stärker gewichtet – und die Schadenskosten nehmen höhere Werte an. (Clarkson & Deyes, 2002, S. 31)
Nachfolgend wird auf die Verwendung eines *Equity Weighting* hingewiesen werden.

3.2.3.4 Zeithorizont

Auch der betrachtete Zeithorizont spielt bei der Schadensbewertung von CO_2 eine Rolle. Durch die Akkumulierung von Kohlenstoffdioxid in der Atmosphäre werden die Schäden durch Erderwärmung in der Zukunft noch zunehmen, selbst wenn es ab sofort zu einer starken Reduzierung des weltweiten CO_2-Ausstoßes käme. Durch die Akkumulierung weisen Studien, deren Untersuchungszeitraum weiter in die Zukunft liegt, eine höhere Kosteneinschätzung auf. (Maibach u. a., 2008, S. 242) Die meisten der aktuellen Studien betrachten einen Zeithorizont bis zum Jahr 2100.

Tabelle 5 fasst die Auswirkungen von Unsicherheiten, Diskontrate, *Equity Weighting* und Zeithorizont auf die Höhe der angenommenen Schadenskosten zusammen.

---

[11] Der Verlust eines Dollars Einkommen hat für eine arme Person einen höheren Wert als für eine reiche Person.

Einflussfaktoren	Unsicherheiten	Diskontrate	Equity Weighting	Zeithorizont
Höhere Schadenskosten	hoch	gering	Ja	lang
Geringere Schadenskosten	gering	hoch	Nein	kurz

Tabelle 5: Einflussfaktoren auf die Höhe der Schadenskosten

Quelle: Eigene Tabelle

3.2.3.5 Basisjahr

Die Währungsangaben der vorliegenden Studien beziehen sich auf unterschiedliche Basisjahre. Zur besseren Vergleichbarkeit werden in dieser Studie alle Angaben auf das Basisjahr 2007 bezogen. Dazu wird der Konsumentenpreisindex CPI-U (*Consumer Price Index – All Urban Consumers*) verwandt. Er ist ein Maß für die Preisveränderungen eines Warenkorbes im amerikanischen Stadtdurchschnitt. Der CPI-U ist der umfassendste Preisindex des *Bureau of Labor Statistics*, da er auch Energie- und Lebensmittelpreise berücksichtigt. (Bureau of Labor Statistics, 2009) Ich habe mich für das Basisjahr 2007 entschieden, um so die Krisenjahre 2008 und 2009 aus der Betrachtung auszuschließen.

Die offiziellen Angaben des *Bureau of Labor Statistics* beziehen sich auf das Basisjahr 1982-84 (Index=100). (Bureau of Labor Statistics, 2009) Die Umrechnung auf das Basisjahr 2007 erfolgt, indem der CPI-U eines jeden Jahres durch den CPI-U des Jahres 2007 geteilt wird; das Jahr 2007 erhält den Index 100.

In einigen wenigen Studien werden Angaben in britischen Pfund gemacht. Die Umrechnung in Dollar erfolgt mit dem in der jeweiligen Literatur genannten Wechselkurs.

3.2.4 Ergebnisse der monetären Bewertung von CO_2-Ausstoß

Im Auftrag des britischen *Department of Environment, Food and Rural Affairs* (DEFRA) wurde von den Autoren Clarkson und Deyes im Jahr 2002 eine Studie zu den Schadenskosten von Kohlenstoffemissionen erarbeitet.

Darin werden acht Einzelstudien aus den Jahren 1991 bis 2000 untersucht. Clarkson und Deyes kommen zu dem Schluss, dass eine Veröffentlichung von (Eyre, Downing, Hoekstra, & Rennings, 1999) (im Folgenden: Eyre) aus dem Jahr 1999 die anspruchsvollste und damit glaubwürdigste Studie darstellt. (Clarkson & Deyes, 2002)

Eyre nutzt das FUND Model Version 1.6, das zwischen 9 verschiedenen Weltregionen unterscheidet. Die Studie untersucht sowohl markt-, als auch nicht-marktbasierte Effekte des Klimawandels. Soziale Folgen werden hingegen nicht betrachtet. Somit bleibt Spalte C der Risikomatrix aus der Studie ausgeschlossen. Die monetären Werte für marktbasierte Güter übernimmt Eyre zum größten Teil aus vorangegangenen Studien, die nicht-marktbasierten Effekte sind über einen nicht weiter definierten Multiplikator an die marktbasierten Effekte gekoppelt. Der Autor beschreibt die dadurch gewonnenen monetären Werte für nicht-marktbasierte Güter selbst als unvollständig.

Eyre erfasst in seinem Modell Hurrikane, Winterstürme und Überschwemmungen. Weiter reichende klimatische Katastrophen werden nicht modelliert, wodurch Zeile 3 der Risikomatrix ebenfalls entfällt. Damit umfasst die Studie die Quadranten A1 bis B2 und gehört zu den 5% aller Studien, die über den Quadranten A1 der Risiko-Matrix hinausgehen.

In der Studie werden zwei relativ kurze Zeiträume betrachtet, nämlich von 1995-2004 und 2004-2014. Eyre macht Angaben für verschiedene Diskontraten in Höhe von 0, 1, 3, 5 und 10%. Die Schadenskosten bei niedrigeren Diskontraten sind wie erwartet höher als die Schadenskosten bei hohen Diskontraten.

Jeden modellierten Wert gibt Eyre sowohl mit und ohne *Equity Weighting* an. Die Werte mit *Equity Weighting* sind höher als ohne *Equity Weighting*.

Tabelle 6 gibt die marginalen Schadenskosten des CO_2-Austoßes nach Eyre wieder. „EW" steht für *Equity Weighting*, „d" für Diskontrate. Die Angaben in Klammern sind die von Eyre ermittelten Originalwerte in 1990 \$/tC.

Der höchste Wert von 137\$/tCO_2 ergibt sich bei einer Diskontrate von 0% und bei durchgeführtem *Equity Weighting*. Der niedrigste Wert, 1\$/tCO_2 ergibt sich bei einer Diskontrate von 10% und ohne *Equity Weighting*.

$/tCO_2$ 2007 USD	d= 0%	d= 1%	d= 3%	d= 5%	d=10%
1995-2004					
EW	137 (317)	74 (171)	26 (60)	11 (26)	3 (6)
Kein EW	61 (142)	32 (73)	10 (23)	4 (9)	1 (2)
2005-2014					
EW	134 (311)	68 (157)	21 (48)	8 (18)	1 (3)
Kein EW	64 (149)	31 (72)	9 (20)	3 (7)	1 (1)

Tabelle 6: Marginale Schadenskosten des CO_2-Ausstoßes nach Eyre, d=0-10%

Quelle: (Eyre u. a., 1999, S. 29f. Tabelle 5.1.3, 5.1.4)

Ein durchgeführtes *Equity Weighting* sehe ich im Rahmen der Schadenskosten der globalen Erwärmung als sinnvoll an, da es die auftretenden Schäden an die jeweiligen Einkommen einer Region anpasst. Die von Eyre aufgeführten Schadenskosten ohne *Equity Weighting* werde ich somit von der Betrachtung ausschließen.

Unter der Prämisse, dass die Folgen der globalen Erwärmung für zukünftige Generationen ein reelles Problem darstellen, werde ich die Schadenskosten bei einer Diskontierung von 5% und 10% ebenfalls von der weiteren Betrachtung ausschließen. Dies stimmt mit den weiter unten diskutierten Studien überein, in denen die Diskontraten in der Regel zwischen 0 und 3% liegen.

Die zur Diskussion stehenden Schadenskosten beschränken sich demnach auf Diskontraten zwischen 0 und 3% sowie auf durchgeführte *Equity Weightings*.

$/tCO_2$ 2007 USD	0%	1%	3%
1995-2004 EW	137	74	26
2005-2014 EW	134	68	21

Tabelle 7: Marginale Schadenskosten des CO_2-Ausstoßes nach Eyre, d=0-3%

Quelle (Eyre u. a., 1999, S. 29f. Tabelle 5.1.3, 5.1.4)

Um bessere Vergleichbarkeit mit nachfolgenden Studien zu ermöglichen, lege ich drei Wertebereiche für die Diskontraten fest:

Ein oberer Schätzwert für die Schadenskosten von CO_2-Ausstoß wird mit Diskontraten zwischen 0 und 1% ermittelt. Die von Eyre identifizierten Schadenskosten bei einer Diskontierung von 0 und 1% ergeben im Durchschnitt einen Wert von 103$/tCO_2$. Diskontraten zwischen 0 und 3% führen zu mittleren Schätzwerten. Ein Durchschnitt der von Eyre ermittelten Schadenskosten in diesem Bereich ergibt einen Wert von 76,5$/tCO_2$. Eine Diskontrate von 3% wird in einem unteren Schätzwert resultieren. Ein Durchschnitt der von Eyre gemachten Angaben bzgl. 3% Diskontrate führt zu einem unteren Wert von 23,5$/tCO_2$.

Die somit ermittelten unteren, mittleren und oberen Werte sind relativ hohe Werte für die Schadenskosten von CO_2. Dies ist zurückzuführen auf das durchgeführte *Equity Weighting*, die Einbindung niedriger Diskontraten sowie den Umfang der Studie über den Quadranten A1 hinaus.

Die Autoren Clarkson und Deyes, die Eyres Studie als sehr umfassend und anspruchsvoll bewerten, ermitteln ebenfalls einen Durchschnittswert der Schadenskosten. Zu diesem Zwecke betrachten sie nicht nur die von Eyre vorgestellten Ergebnisse des FUND Modells, sondern auch die durch ein weiteres Modell, dem Open Framework Modell, ermittelten Werte (die jedoch nur geringfügig von den Ergebnissen des FUND Modells abweichen). Clarkson und Deyes betrachten dabei nur Schadenskosten, bei denen ein *Equity Weighting* durchgeführt wurde. Als Ergebnis präsentieren sie einen mittleren Schätzwert der Schadenskosten von 70£/tC für das Basisjahr 2000. Bei einem Wechselkurs von 1$=0,70£ für das Jahr 2000 und bezogen auf das Basisjahr 2007 ergibt sich ein Schätzwert von 33$/tCO_2$.

Die Autoren Clarkson und Deyes orientieren sich an den ermittelten 33$/tCO_2$ als einen mittleren Wert für die Schadenskosten globaler Erderwärmung. Sie geben darüber hinaus an, dass eine Halbierung dieses Wertes auf 16,5$/tCO_2$ eine angemessene untere Grenze, die Verdopplung dieses Wertes auf 66$/tCO_2$ hingegen eine angemessene Obergrenze für die Schadenskosten globaler Erwärmung darstellt. (Clarkson & Deyes, 2002)

Gegenüber den von mir ermittelten Schätzwerten aus Eyres Studie ist hier eine deutliche Abweichung der Schätzwerte nach unten zu beobachten. Dies führe ich darauf zurück, dass Clarkson und Deyes auch diejenigen Schadenswerte in ihren Durchschnittswert eingebunden haben, die mittels hoher Diskontraten von 5% und 10% von Eyre modelliert wurden. Die hier ermittelten Schadenswerte sind demnach relativ geringe Schätzwerte für die Schadenskosten von CO_2-Ausstoß.

Die Autoren Anthoff et al. haben 2005 im Auftrag der britischen DEFRA die Studie von Clarkson und Deyes noch einmal analysiert. Ziel war es festzustellen, ob der untere Wert von 16,5\$/tCO_2 ein angemessener unterer Bezugspunkt für die Schadenskosten von CO_2-Ausstoß darstellt. (Anthoff u. a., 2005)

Die Autoren beschäftigen sich in ihrer Studie ausführlich mit der Problematik der Unsicherheiten. Nach der Evaluierung von über 100 Studien im Rahmen einer Metaanalyse von Tol (Tol, 2005) kommen sie zu dem Schluss, dass sich rund 95% aller Studien auf den Quadranten A1 der Risikomatrix beschränken. Die Modellierungen der bis 2005 vorliegenden Studien liegen also eher im unteren Wertebereich. (Anthoff u. a., 2005, S. 14)

Des Weiteren wurden im Rahmen dieser Studie auch zahlreiche Experten um Kostenschätzungen bezüglich der Schadenskosten von CO_2-Ausstoß gebeten. Auch hier ergibt sich ein ähnliches Bild: Niedrige Schätzungen werden von den Experten mit hoher Zuversichtlichkeit abgegeben, hohe Schätzungen hingegen nur mit geringer Zuversichtlichkeit.

Diese Beobachtungen lässt die Autoren zu dem Schluss kommen, dass man zwar keine obere, zumindest aber eine unterer Bemessungsgrenze für die Schadenskosten von CO_2 festlegen kann.

Basierend auf diesen Vorüberlegungen kommen Anthoff et al. zu dem Schluss, dass 16,5\$/tCO_2 ein angemessener unterer Bezugspunkt für die Schadenskosten von CO_2-Ausstoß sind. Es wird von einer geringen Diskontrate von 1% und einem *Equity Weighting* ausgegangen. Die Wahrscheinlichkeit, dass die Schadenskosten von CO_2 diesen Wert übersteigen, schätzen die Autoren als sehr hoch ein. (Anthoff u. a., 2005, S. 33f.)

Auf einen oberen Bezugspunkt wollen sich die Autoren nicht festlegen, räumen aber ein, dass im Rahmen pessimistischer Szenarien Werte um 66$/tCO$_2$ nicht unplausibel sind. Dies führen Anthoff et al. auf ihre eigene Literaturübersicht zurück. Diese ergab, dass eine Chance von 10% besteht, dass ein Wert 47$/tCO$_2$ übersteigt und eine Chance von 5%, dass ein Wert die Grenze von 98$/tCO$_2$ übersteigt. (Anthoff u. a., 2005, S. 33ff.)

Einer der führenden Experten auf dem Gebiet der Schadenskosten von CO$_2$-Ausstoß ist Richard Tol. Er hat im Jahr 2005 eine Metaanalyse durchgeführt, bei der er 103 Schätzungen von 28 verschiedenen Autoren analysierte. (Tol, 2005)[12]

Die betrachteten Studien verwenden Diskontraten zwischen 0% und 3%. Laut Tol verwenden 23 der 28 Autoren ein realistisches Klimaszenario. Darüber hinaus sind 17 der 28 Studien Peer-Reviewed[13]. Von 103 Schätzwerten sind 59 mit *Equity Weighting* und 44 Schätzungen ohne *Equity Weighting*.

Ein simpler Durchschnitt, bei dem jeder Schätzwert in gleichem Maße gewichtet wird, ergibt einen Wert von 34$/tCO$_2$ (93$/tC 1995). Hierin sind Studien mit Diskontraten zwischen 0 und 3% und Studien sowohl mit und ohne *Equity Weighting* vertreten. Dieser Durchschnittswert ist daher als relativ geringer Schadenswert einzustufen. Der von Clarkson und Deyes ermittelte mittlere Schätzwert von 33$/tCO$_2$ ist beinahe identisch zu Tols 34$/tCO$_2$. Dies stimmt mit der Schlussfolgerung überein, dass auch die Ergebnisse von Clarkson und Deyes eher geringe Schadenskosten darstellen.

Wird nur eine zentrale Schätzung pro Autor in die Metaanalyse aufgenommen, ergibt sich ein deutlich höherer Wert, nämlich 45$/tCO$_2$ (122$/tC 1995).

In einer dritten Gewichtung führt Tol eigene Qualitätsmerkmale ein, mit der qualitativ bessere Methoden höher gewichtet werden. Es wird überprüft, ob eine Peer-Review stattgefunden hat, die Studie auf unabhängigen Berechnungen beruht, ein dynamisches Klimamodell verwendet wird, die Studie ökonomische Referenzszenarien

---

[12] In Tols Studie wurde kein Basisjahr für die Berechnungen angegeben. Ich konnte jedoch E-Mail-Kontakt zu Richard Tol herstellen und so in Erfahrung bringen, dass sich seine Angaben auf das Basisjahr 1995 beziehen.
[13] Unter einer Peer-Review versteht man im Allgemeinen die Begutachtung einer wissenschaftlichen Arbeit durch Experten des entsprechenden Fachgebietes vor einer Veröffentlichung. Richard Tol definiert diejenigen Studien als Peer-Review, die in Peer-Review Zeitschriften erschienen sind.

beinhaltet und marginale Kosten ermittelt wurden, anstatt Gesamtkosten. Darüber hinaus wird jeder Studie, die nach 1990 entstand, eine größere Gewichtung beigemessen.

Das Ergebnis dieser Qualitätsgewichtung durch den Autor ist 32$/tCO$_2$ (86$/tC 1995). Gegenüber dem einfachen Durchschnitt, 34$/tCO$_2$, sinkt hier der Wert geringfügig. Dies deutet darauf hin, dass Studien mit qualitativ besseren Methoden geringere Unsicherheiten beinhalten und daher niedrigere Werte schlussfolgern.

In einer vierten und letzten Analyse betrachtet Tol ausschließlich Studien, die einer Peer-Review unterzogen wurden. Dies betrifft 17 der 28 Autoren. Der Schätzwerk sinkt hierbei um gut die Hälfte gegenüber dem Durchschnittswert, nämlich auf 16$/tCO$_2$ (43$/tC 1995). Tol schlussfolgert daraus, dass die pessimistischsten Einschätzungen einer Qualitätsanalyse der Peer nicht standhalten bzw. von ihnen als Ausreißer betrachtet werden. (Tol, 2005) Der hier ermittelte Wert ist daher ebenfalls als relativ geringer Schadenswert zu betrachten. Darüber hinaus stimmt dieser letzte Schadenswert mit dem von Anthoff et al. postulierten unteren Schätzwert von 16,5$/tCO$_2$ überein. Dies lässt sich darauf zurückführen, dass sich Anthoff et al. der Studie von Tol bedienen und den durch alleinige Betrachtung der Peer-Review Literatur gewonnenen Schätzwert als angemessenen unteren Schätzwert betrachten.

Eine Studie, die mit ihrer Schätzung über den wissenschaftlichen Konsens hinausgeht und somit auch große Diskussionen ausgelöst hat, ist der *Stern Review*, eine vom britischen Finanzminister in Auftrag gegebene unabhängige Studie zu Klimawandel und seinen ökonomischen Auswirkungen. (Stern, 2007)

Obwohl Stern seine angewandte Methode nur sehr zögerlich preisgibt, lassen sich doch folgende Komponenten benennen: Stern benutzt eine Diskontrate von 0,1% und führt ein *Equity Weighting* durch. Darüber hinaus werden auch einige Katastrophenszenarien und nicht-marktbasierte Effekte erfasst, wenn auch, wie Stern anmerkt, in sehr vereinfachter Form. Sterns Schätzung liegt schließlich bei 102$/tCO$_2$ (85$/tCO$_2$ 2000 USD). (Stern, 2007, S. 287)

Es handelt sich hierbei um einen relativ hohen Schätzwert, auf Grund der geringen Diskontrate, der größeren Unsicherheiten und des durchgeführten *Equity Weighting*. Dieser Schätzwert stimmt mit dem von mir berechneten oberen Schätzwert des

Autoren Eyre überein (103\$/tCO$_2$), bei dem ein Durchschnittswert für die Schadenskosten mit Diskontraten von 0% und 1% gebildet wurde.

Zusammenfassend lässt sich festhalten:

Die von Eyre und Stern ermittelten oberen Schätzwerte spiegeln auf Grund ihrer höheren Unsicherheiten, der geringen Diskontraten und des durchgeführten *Equity Weighting* ein realistisches Bild der zukünftigen Schadenskosten wieder und fließen als obere Schätzwerte in die zusammenfassende Tabelle 8 ein.

Die Autoren Clarkson und Deyes sowie Tol ermitteln hingegen relativ niedrige Schätzwerte. Ihre Studien sind mit weniger Unsicherheiten verbunden, beinhalten höhere Diskontraten und sind teilweise ohne *Equity Weighting* zu Stande gekommen. Ihre Ergebnisse fließen vor allem als untere und mittlere Schätzwerte in Tabelle 8 ein. Anthoff et al. wird aus der nachfolgenden Betrachtung ausgeschlossen, weil kein eigener Schätzwert berechnet, sondern nur die Schätzung von Clarkson und Deyes mit Ergebnissen von Tol überprüft wurde.

Zusammenfassende Tabelle:

Autoren	Unterer Schätzwert	Mittlerer Schätzwert	Oberer Schätzwert
Eyre et. al.	23,5\$/tCO$_2$ d=3%, EW	76,5\$/tCO$_2$ d=0-3%, EW	103\$/tCO$_2$ d=0-1%, EW
Clarkson; Deyes	16,5\$/tCO$_2$ EW	33\$/tCO$_2$ EW	66\$/TCO$_2$ EW
Tol	16\$/tCO$_2$ d=0-3%	32\$/tCO$_2$ d=0-3%	-
Stern	-	-	102\$/tCO$_2$ d=0,1%, EW
Durchschnitt	18,5\$/tCO$_2$	47\$/tCO$_2$	90\$/tCO$_2$

Tabelle 8: Autorenübersicht: Schadenskosten des CO$_2$-Ausstoßes

Quelle: Eigene Tabelle

Tabelle 8 zeigt alle aus der oberen Diskussion gewonnen Schätzwerte für die Schadenskosten von CO_2-Ausstoß. Mittels Durchschnittsberechnung ergeben sich folgende Schätzwerte als Ergebnis der monetären Bewertung der Externalität CO_2-Ausstoß:

Der untere Schätzwert beläuft sich auf 18,5$/t$CO_2$, der mittlere Schätzwert auf 47$/t$CO_2$ und der oberer Schätzwert auf 90$/t$CO_2$.

Am Ende dieses Kapitels sollen die hier ermittelten Schadenskosten noch in eine dem Transportsektor angemessene Größe gebracht werden, nämlich in Dollar pro Gallone. So kann ermittelt werden, zu welchen Schäden der Konsum einer weiteren Gallone Benzin oder Diesel führt.

Durch Verbrennung wird der in Benzin und Diesel vorhandene Kohlenstoff zu Kohlenstoffdioxid oxidiert. Dies lässt sich mathematisch ermitteln:

Der Kohlenstoffgehalt einer Gallone Benzin beträgt 2421 Gramm. Dieser Betrag wird mit dem Faktor 0,99 multipliziert, da 99% des Kohlenstoffs zu Kohlenstoffdioxid oxidiert. Der entstandene Term wird mit dem Verhältnis des molekularen Gewichtes von CO_2 (m.G. 44) zum molekularen Gewicht von Kohlenstoff (m.G. 12) multipliziert. Dies ergibt einen CO_2-Gehalt von 8,8 Kg pro Gallone Benzin.

CO_2-Emissionen einer Gallone Benzin:

2421 Gramm x 0.99 x (44/12) = 8788 Gramm = 8,8 Kg

Aufgrund eines höheren Kohlenstoffgehaltes entstehen bei der Verbrennung einer Gallone Diesel 10,1 Kg CO_2. (Office of Transportation and Air Quality, 2005)

CO_2-Emissionen einer Gallone Diesel:

2778 Gramm x 0.99 x (44/12) = 10084 Gramm = 10,1 Kg

Auf Grundlage dieser Berechnungen können der untere, mittlere und obere Schätzwert der Schadenskosten des CO_2-Ausstoßes von $/t$CO_2$ in $/gal umgewandelt werden. Die Ergebnisse werden in Tabelle 9 dargestellt.

Schadenskosten CO_2 (2007 USD)	$/t$CO_2$	$/gal Benzin	$/gal Diesel
Unterer Schätzwert	18,5$/t$CO_2$	0,16$/gal	0,19$/gal
Mittlerer Schätzwert	47$/t$CO_2$	0,41$/gal	0,47$/gal
Oberer Schätzwert	90$/t$CO_2$	0,79$/gal	0,90$/gal

Tabelle 9: Ergebnistabelle: Schadenskosten des CO_2-Ausstoßes

Quelle: Eigene Tabelle

3.3 Monetäre Bewertung von Ölabhängigkeit

Ölabhängigkeit wurde in Kapitel 2 als eine bedeutende negative Externalität des Kraftstoffverbrauchs im amerikanischen Transportsektor identifiziert, da durch Ölabhängigkeit Kosten für die Gesamtgesellschaft entstehen, die nicht vom einzelnen Konsumenten getragen werden.

Ebenso wie bei den Schadenskosten des CO_2-Ausstoßes gehen auch der monetären Bewertung des Ölimportaufschlages die Etablierung von Wirkungsketten sowie die Quantifizierung von Schäden voraus.

Die Bestimmung von Wirkungsketten beruht stark auf wirtschaftswissenschaftlichen Erkenntnissen, da Zusammenhänge zwischen Ölverbrauch und wirtschaftlicher Leistungsfähigkeit etabliert werden müssen. Von besonderem Interesse sind dabei die Auswirkungen von Ölpreisänderungen auf Konsum, Produktion und Wirtschaftswachstum. Unsicherheiten treten vor allem auf, da die Effekte einer Ölpreisänderung nie im Detail für die gesamte Volkswirtschaft erfasst werden können. Stattdessen werden Modelle angewandt, die die Auswirkungen auf einer abstrakten und aggregierten Ebene darstellen, dadurch aber an Detailschärfe einbüßen. Auch sind die Reaktionen der Wirtschaftsubjekte auf eine Ölpreisveränderung von vielen exogenen Variablen abhängig, z.B. der bestehenden Inflation, so dass wissenschaftliche Analysen nur Momentaufnahmen bestimmter Situationen sein können. Zukünftige Entwicklungen, besonders des Ölkonsums, des Ölpreises und der angewandten Technologien können nur ungenau antizipiert werden, ähnlich wie die Entwicklungen des CO_2-Ausstoßes und unsere zukünftigen Anpassungsstrategien.

Die Quantifizierung der auftretenden Effekte beruht auf beobachtbaren Entwicklungen vergangener Jahre bezüglich Ölpreis, Ölnachfrage und wirtschaftlichen Wachstum, aber auch auf Zukunftsprojektionen dieser Variablen. Unsicherheiten sind dabei unumgänglich.

Die externen Kosten der Ölabhängigkeit werden im Regelfall als marginale externe Kosten dargestellt. Dies macht es möglich, im Zuge einer Internalisierungsmaßnahme jede zusätzliche Einheit konsumierten Öls mit den dadurch hervorgerufenen externen Kosten zu belasten.

3.3.1 Wirkungsketten

In diesem Abschnitt sollen einige grundlegende Zusammenhänge zwischen Ölkonsum, Ölpreis und wirtschaftlicher Leistungsfähigkeit dargestellt werden.

3.3.1.1 Konsum, Produktion und Import

Die Konsumausgaben für Öl hängen von der Nachfragemenge und dem Preis ab. Bei steigendem Ölpreis, aber unverändertem Volkseinkommen geht die Kaufkraft und somit die aggregierte Nachfrage zurück. Dies kann zu Investitionsrückgang, Produktionsrückgang und Arbeitslosigkeit führen. Ein steigender Ölpreis kann daher von der Nachfrageseite her das Wirtschaftswachstum verlangsamen.
Öl ist auch ein wichtiger Produktionsfaktor vieler Industrien. Abstrahiert ist Öl ein Variable in der gesamtwirtschaftlichen Produktionsfunktion. Kommt es zu Preissteigerungen des Öls, kann die zuvor produzierte Gütermenge nur zu erhöhten Kosten realisiert werden. Werden hingegen die Produktionskosten konstant gehalten, kann durch den erhöhten Ölpreis nur eine verringerte Gütermenge produziert werden. Hinzu kommen negative Auswirkungen auf die Produktion durch Nachfragerückgang. Insgesamt können also Ölpreissteigerungen auch von der Angebotsseite her das Wirtschaftswachstum negativ beeinflussen. (Braml, 2008, S. 145)

Ein Großteil des in den USA verbrauchten Öls wird importiert. Im Jahr 2008 beliefen sich die Nettoimporte auf durchschnittlich 57%. (Energy Information Administration EIA, 2009d, S. 41) Der Import von Öl führt zu einem Vermögenstransfer bzw.

Kaufkrafttransfer von amerikanischen Konsumenten zu ausländischen Produzenten. Steigt der Ölpreis an, nimmt auch der Vermögenstransfer zu. Die Folge ist eine Minderung des amerikanischen Volkseinkommens. Es kann nicht davon ausgegangen werden, dass dieser Kaufkrafttransfer durch Nachfrage aus den ölexportierenden Ländern vollständig aufgehoben wird. (Parry & Darmstadter, 2003, S. 8)

Bei vollständiger Eigenproduktion käme es nur zu einem Vermögenstransfer innerhalb der Volkswirtschaft. Die Höhe des Volkseinkommens bliebe davon unberührt.

Darüber hinaus belasten hohe Ölimporte die amerikanische Außenhandelsbilanz.

3.3.1.2 Ölpreisschocks und graduelle Ölpreisänderungen

Ölpreissteigerungen stellen für eine Wirtschaft besonders dann ein Problem dar, wenn sie in Form eines Schocks auftreten. Ein Preisschock ist dadurch charakterisiert dass er unerwartet auftritt und die Preise dabei stark ansteigen. Dies führt zu Unsicherheit bezüglich zukünftiger Produktions-, Konsum- und Investitionsentscheidungen sowie bei der Verhandlung über Löhne und Preise.

Besonders Löhne und Preise sind in der kurzen Frist meist unelastisch, z.B. durch Tarifverträge. Wird auf Grund steigender Preise ein geringeres Gütervolumen produziert, sinkt die Produktivität des Faktors Arbeit. Kommt es kurzfristig zu keinen entsprechenden Lohnanpassungen, kann es stattdessen zu Arbeitslosigkeit kommen. (Leiby u. a., 1997, S. 43) Ebenso können ausbleibende Preisanpassungen in der kurzen Frist zu volkswirtschaftlichen Verlusten führen. In der langen Frist können notwendige Preissteigerungen zu Inflation führen (aber dies ist auch von weiteren Faktoren abhängig). Insgesamt kann es durch eine plötzliche Ölpreissteigerung zu ungenutzten Produktionsfaktoren, Arbeitslosigkeit, Inflation und einer gedämpften wirtschaftlichen Leistungsfähigkeit kommen. (Huntington, 2005, S. 27)

Treten Preissteigerungen hingegen graduell auf, so ist dies mit weniger Verunsicherung der Produzenten, Konsumenten und Investoren verbunden. Sie können Preisanstiege antizipieren und ihre Entscheidungen entsprechend anpassen. Auch graduelle Preisanstiege können zu einer Reduzierung des Volkseinkommens, zu sinkender aggregierter Nachfrage oder geringerem Produktionsoutput führen. Dennoch besteht hier auf Grund des längeren Zeithorizontes eine bessere Anpassungsmöglichkeit. Die

Auswirkungen eines graduellen Preisanstieges werden gegenüber einem Preisschocks abgeschwächt sein.

Darüber hinaus ist die Richtung der Preisveränderung von Bedeutung. Während empirisch belegt werden kann, dass Ölpreissteigerungen einer Volkswirtschaft schaden, kann kein signifikanter Zusammenhang zwischen Ölpreisverfall und Wirtschaftswachstum etabliert werden. Huntington spricht in diesem Zusammenhang von asymmetrischen Reaktionen einer Volkswirtschaft auf Ölpreisveränderungen. (Huntington, 2005, S. 9)

3.3.1.3 Externe und interne Angebots- und Nachfrageschocks

Ölpreisveränderungen können entweder durch Angebots- oder Nachfrage-veränderungen ausgelöst werden. Für die Auswirkungen eines Preisschocks auf die amerikanische Volkswirtschaft ist der Ursprung einer Angebots- oder Nachfrageveränderung entscheidend.

Auf dem Weltmarkt treffen Angebot und Nachfrage zusammen und bestimmen den Preis des Öls. Kommt es zu einem externen Angebotsschock, wobei die weltweite Angebotsmenge zurückgeht, steigt der Preis. Dies führt in den USA auf Grund einer fallenden, nicht vollständig unelastischen Nachfragekurve, zu einer geringeren Ölnachfrage.

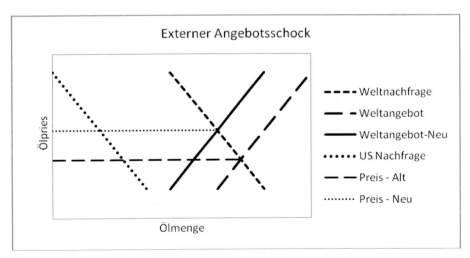

Abbildung 7: Externer Angebotsschock

Quelle: (Huntington, 2005, S. 10)

Da besonders in der kurzen Frist Ersatzmöglichkeiten für Öl begrenzt sind, wird die geringere Nachfrage zu verringertem Output und somit zu einem volkswirtschaftlichen Wohlfahrtsverlust führen. (Huntington, 2005, S. 11)

Ein externer Nachfrageschock verläuft ähnlich. Der Preis des Öls wird hier nicht durch verknapptes Angebot, sondern durch gestiegene Nachfrage in die Höhe getrieben. In den USA sorgt der erhöhte Preis aber ebenso zu geringerem Output und somit zu Wohlfahrtsverlust. Angebots- und Nachfrageschocks haben also ähnliche Auswirkungen solange es sich um externe Schocks handelt. (Huntington, 2005, S. 11f.)

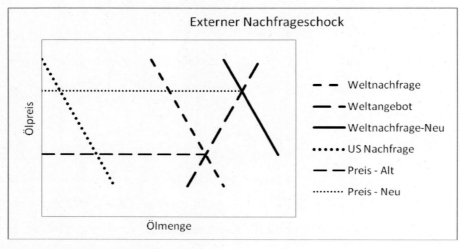

Abbildung 8: Externer Nachfrageschock
Quelle: (Huntington, 2005, S. 11)

Wird ein Nachfrageschock durch die innere Expansion der USA selbst ausgelöst, kommt es zwar auch zu einer Preiserhöhung, nicht aber zu erheblichen Wohlfahrtverlusten. Ausschlaggebend ist, dass sich die Nachfragekurve der USA nach außen verschiebt. So wird trotz höherem Preis mehr nachgefragt. Es ist mit keinen erheblichen Störungen der Produktionsprozesse und nur mit geringen Wohlfahrtsverlusten zu rechnen. (Huntington, 2005, S. 12)

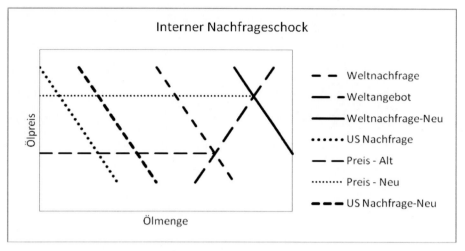

Abbildung 9: Interner Nachfrageschock

Quelle: (Huntington, 2005, S. 12)

3.3.2 Quantifizierung

Die oben beschriebenen Wirkungsketten hängen in hohem Maße vom Ölpreis, der Ölnachfrage sowie der Ölintensität der amerikanischen Volkswirtschaft ab.

3.3.2.1 Ölnachfrage

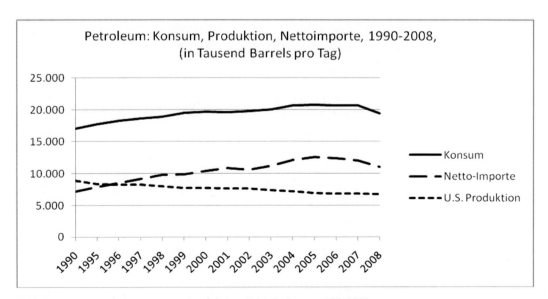

Abbildung 10: Petroleum: Konsum, Produktion, Nettoimporte, 1990-2008

Quelle: (Energy Information Administration EIA, 2009e, S. 37)

Die amerikanische Eigenförderung von Öl hat bereits 1970 ihren Höhepunkt erreicht. Seither steigen, auf Grund steigender Nachfrage, die Rohölimporte stetig an. (Energy Information Administration EIA, 2009f)

Der Konsum aller Rohöl- und Petroleumprodukte beläuft sich heute auf monatlich rund 600 Millionen Barrel, oder gut 20 Millionen Barrel pro Tag für das Jahr 2008. (Energy Information Administration EIA, 2009g) Der größte Einzelverbraucher ist dabei der amerikanische Transportsektor, der allein 2/3 aller Rohöl- und Petroleumprodukte konsumiert. (Energy Information Administration, 2008c)

3.3.2.2 Ölpreis

Nachdem in den 1990er Jahren fallende reale Ölpreise zu beobachten waren, stiegen die Ölpreise ab 2002 an. Erst seit der Weltfinanzkrise ist erneut ein Abwärtstrend in realen Ölpreisen zu beobachten.

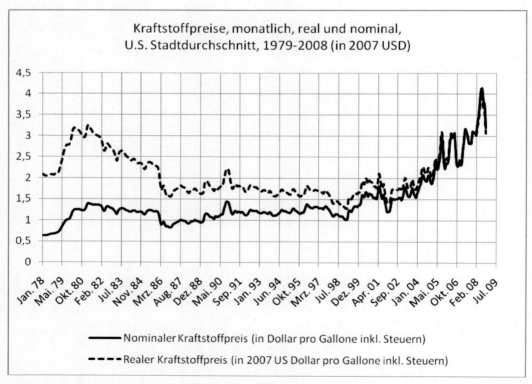

Abbildung 11: Kraftstoffpreise, monatlich, real und nominal, 1979-2008

Quelle: (Energy Information Administration EIA, 2009h)

3.3.2.3 Ölintensität

Die nominalen Energieausgaben als Anteil am nominalen BIP sind von knapp 7% im Jahr 2002 auf knapp 10% im Jahr 2008 gestiegen sind. Die nominalen Ausgaben für Petroleum sind von 3% im Jahr 2002 auf über 6% 2008 gestiegen. (Energy Information Administration EIA, 2009i)

Die Energie- und Ölintensität der amerikanischen Wirtschaft, gemessen in nominalen Ausgaben für Energiekonsum pro nominalem Dollar des Bruttosozialproduktes, ist demnach in den vergangenen Jahren wieder angestiegen. Die Anfälligkeit gegenüber Ölpreisschocks hat damit ebenfalls, gegenüber den 1990er Jahren, wieder zugenommen. Abbildung 12 verdeutlicht dies. (Leiby, 2007, S. 4)

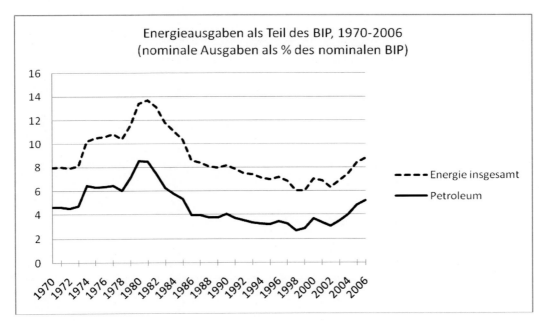

Abbildung 12: Energieausgaben als Teil des BIP, 1970-2006

Quelle: (Energy Information Administration EIA, 2009i)

3.3.2.4 Elastizität

Die Wahl der Nachfrage- und Angebotselastizitäten spielt bei der monetären Bewertung der Ölabhängigkeit eine große Rolle.

Elastizitäten zwischen minus 1 und 1 beschreiben eine unelastische Nachfrage, Elastizitäten größer 1 oder kleiner minus 1 beschreiben hingegen eine elastische

Nachfrage. Eine Nachfrage ist bei einer Elastizität von Null vollkommen unelastisch, bei Elastizitäten gegen Unendlich oder negativ Unendlich hingegen vollkommen elastisch.

Hughes stellt fest, dass die kurzfristige Nachfrageelastizität nach Kraftstoff im Transportsektor im Zeitraum 2001 bis 2006 zwischen -0,034 und -0,077 lag. Eine Preissteigerung um 1% hat somit einen Nachfragerückgang von 0,034 bis 0,077% hervorgerufen.

Gegenüber der Periode 1975-1980, in der sich die Nachfrageelastizitäten auf -0,21 bis -0,34 beliefen, ist die Nachfrageelastizität unelastischer geworden. Laut Hughes kann die höhere Abhängigkeit der Amerikaner von Automobilen, z.B. durch den Ausbau von Vorstädten, oder die gestiegene Kraftstoffeffizienz der Fahrzeuge eine Erklärung für diese Entwicklung sein. So bestehen entweder weniger Möglichkeiten, die Automobilnutzung einzuschränken, oder Einschränkungen haben durch die höhere Kraftstoffeffizienz geringere Auswirkungen auf den Ölkonsum als noch in den 1970er Jahren. Auch höhere Einkommen können dazu beigetragen haben, dass Konsumenten weniger empfindlich auf Preisveränderungen reagieren. (Hughes, Knittel, & Sperling, 2007)

3.3.3 Ergebnisse der monetären Bewertung von Ölabhängigkeit

Die Mehrzahl der vorliegenden monetären Bewertungen stammt aus Studien der Jahre 1990-1997. Sie beziehen sich in ihren Berechnungen daher primär auf die 1970er und 1980er Jahre und die zur damaligen Zeit gegebenen Ölpreise, Ölimportmengen, Nachfrageelastizitäten und Marktstörungswahrscheinlichkeiten. Da besonders in den Jahren seit 2002 ein Wandel in den Ölpreisen stattgefunden hat, und sich damit auch die vom Preis abhängigen Variablen geändert haben, sind diese Studien für eine weitere Betrachtung ungeeignet. Ich möchte mich daher auf eine Studie von Paul Leiby aus dem Jahr 2007 stützen, die kürzliche Entwicklungen berücksichtigt. (Leiby, 2007) Leiby aktualisiert eine eigene Studie aus dem Jahr 1997 und berücksichtigt dabei, dass zwischenzeitlich der Ölpreis, die Ölnachfrage, die Importmengen und die Ölabhängigkeit der amerikanischen Volkswirtschaft gestiegen sind.

Leiby modelliert in seiner Studie eine Vielzahl von Szenarien, um den Unsicherheiten bezüglich der modellierten Variablen Rechnung zu tragen.

Er bedient sich dabei der Projektionen der *Energy Information Administration* aus dem Jahr 2006, um zukünftige Ölmarktentwicklungen zu modellieren. Die Angebotselastizität der OPEC lässt Leiby in seinen Regressionen zwischen 0 und 5 schwanken. Die Wahrscheinlichkeit von Marktstörungen übernimmt Leiby aus einer Studie des *Energy Modeling Forum* aus dem Jahr 2005, wobei drei verschiedene Marktstörungsstärken unterschieden werden. Die kurzfristige Nachfrageelastizität lässt Leiby zwischen -0,087 und -0,163 schwanken, macht aber deutlich, dass geringere Elastizitäten, wie sie Hughes ermittelt hat, durchaus plausibel sind. (Leiby, 2007, S. 35f.)

Leiby kommt zu dem Schluss, dass ein Wert von 14,91$/bbl Öl (13,58 $/bbl 2004 USD) ein angemessener mittlerer Schätzwert für die Ölabhängigkeit der USA darstellt, wobei die Monopsonmacht der USA rund 2/3 dieses Wertes ausmachen, die Markstörung hingegen nur ca. 1/3. Der 90%- Konfidenzintervall ergibt Werte zwischen 7,37 und 25,52$/bbl (6,71 und 23,25$/bbl in 2004 USD). Diese werden zugleich als obere und untere Schätzwerte betrachtet. (Leiby, 2007)

Aus einem Barrel Öl (42 Gallonen) lassen sich 44 Gallonen Petroleumprodukte herstellen, darunter auch 19 Gallonen Benzin und 9 Gallonen Diesel. Der Kostenanteil von Benzin oder Diesel an 14,91$/bbl Öl beläuft sich demnach auf 0,33$ pro Gallone.

Es lassen sich demnach folgende monetäre Werte für die externen Kosten der Ölabhängigkeit im amerikanischen Transportsektor feststellen:

Schadenskosten Ölabhängigkeit (2007 USD)	$/bbl	$/gal Benzin	$/gal Diesel
Unterer Schätzwert	7,37	0,17	0,17
Mittlerer Schätzwert	14,91	0,33	0,33
Oberer Schätzwert	25,52	0,58	0,58

Tabelle 10: Ergebnistabelle: Schadenskosten der Ölabhängigkeit

Quelle: Eigene Tabelle

3.4 Ergebnis der monetären Bewertung

Tabelle 9 und 10 veranschaulichen die Schadenskosten des CO_2-Ausstoßes und der Ölabhängigkeit pro Gallone Benzin und Gallone Diesel mit jeweils einem unteren, mittleren und oberen Schätzwert.

Sowohl CO_2-Ausstoß als auch Ölabhängigkeit sind negative externe Effekte des Kraftstoffverbrauchs. In ihrer Addition ergeben die Schadenskosten somit die Schadenskosten des Kraftstoffverbrauchs, dargestellt in Tabelle 11. Auf Grund fehlender Internalisierung handelt es sich bei diesen Ergebnissen um die marginalen externen Kosten des Kraftstoffverbrauchs pro Gallone Benzin und Diesel. Diese können in Form von Steuern auf den Transportsektor angewandt werden.

Für Benzin gilt daher: Eine Steuer von 33 Cent pro Gallone ist ein angemessener unterer Schätzwert für die marginalen externen Kosten des Kraftstoffverbrauchs. Steuern in Höhe von 74 und 137 Cent pro Gallone stellten einen mittleren und oberen Schätzwert dar.

Marginale externe Kosten des Kraftstoffverbrauchs (2007 USD)	$/gal Benzin	$/gal Diesel
Unterer Schätzwert	**0,33**	0,36
Mittlerer Schätzwert	**0,74**	0,80
Oberer Schätzwert	**1,37**	1,48

Tabelle 11: Ergebnistabelle: marginale externe Kosten des Kraftstoffverbrauchs

Quelle: Eigene Tabelle

Aus Gründen der Vollständigkeit wurden die marginalen externen Kosten sowohl für Benzin als auch Diesel berechnet. Für die nachfolgende Untersuchung ist jedoch nur der Benzinkraftstoff von Bedeutung. Diesel wird aus der Betrachtung ausgeschlossen, da es nur von einer Minderheit der Kraftfahrzeuge (vor allem Nutz- und Landwirtschaftsfahrzeuge sowie Busse) als Kraftstoff genutzt wird und in der nachfolgenden quantitativen Untersuchung Fahrzeuge im Fokus stehen, die auf Highways gefahren werden. Die Begriffe „Benzin" und „Kraftstoff" sind im Folgenden austauschbar.

4. Quantitative Untersuchung

In diesem Kapitel werden in einem quantitativ-mathematischen Modell die Auswirkungen einer Kraftstoffsteuer in Höhe von 33, 74 und 137 Cent auf den Kraftstoffverbrauch und die CO_2-Emissionen des amerikanischen Transportsektors beobachtet und mit den Auswirkungen des CAFE-Standard verglichen.

Zunächst wird ein Basisszenario erstellt, in dem noch keine Steuer angewandt, und der CAFE-Standard konstant gehalten wird. So kann simuliert werden, welche Entwicklungen der Kraftstoffverbrauch und die CO_2-Emissionen ohne weitere Kraftstoffsteuer und ohne weitere Anhebung des CAFE-Standard zwischen 2010 und 2020 nehmen werden.

In einem zweiten Szenario, dem Steuerszenario, werden zwischen 2010 und 2020 die Kraftstoffsteuers kontinuierlich auf jeweils 33, 74 und 137 Cent pro Gallone erhöht. Der CAFE-Standard wird dabei konstant gehalten. Nun werden die Auswirkungen dieser Steuern auf Kraftstoffverbrauch und CO_2-Emissionen untersucht. Das Ergebnis ist eine deutliche Reduzierung beider Parameter gegenüber dem Basisszenario.

In einem dritten Szenario, dem CAFE-Szenario, wird eine Erhöhung des CAFE-Standard simuliert und mit den Ergebnissen der Steuern verglichen. Die Anhebung des CAFE-Standard stützt sich dabei auf gesetzliche Vorgaben des *Energy Independence and Security Act* (EISAct) von 2007.

Im Anschluss folgt eine Zusammenfassung der hier ermittelten Ergebnisse mit grafischem Überblick.

Die drei Szenarien sind in Anhang A, B und C detailliert mathematisch aufbereitet. Nachfolgend werden sie daher nur in verdichteten Form vorgestellt und Ergebnisse ausschließlich für das Jahr 2020, nicht aber alle vorangehenden Jahre präsentiert.

4.1 Variablen

In der vorliegenden Untersuchung sind unabhängige Variablen von mir gezielt veränderte oder konstant gehaltene Größen. Die abhängigen Variablen werden hingegen von den unabhängigen Variablen bestimmt. Es sind die abhängigen

Variablen, die in dieser Untersuchung von Bedeutung sind, allen voran der Kraftstoffverbrauch und die CO_2-Emissionen der gesamten Fahrzeugflotte.

4.1.1 Unabhängige Variablen

Die in den Szenarien verwendeten unabhängigen Variablen werden wie folgt definiert:

Unabhängige Variable	Definition
Nominaler Kraftstoffpreis	Nominaler Benzinpreis inklusive Bundes- und Einzelstaatensteuer
Realer Kraftstoffpreis	Realer Kraftstoffpreis mit Basisjahr 2007 unter Verwendung des CPI-U
Kraftstoffsteuer (niedrig, mittel, hoch)	Reale Kraftstoffsteuer mit Basisjahr 2007; Werte wurden bei der monetären Bewertung von CO_2-Ausstoß und Ölabhängigkeit ermittelt
CAFE-Standard	Kraftstoffwirtschaftlichkeit der Personen- und Kleinlastwagen, gemessen in MPG
Kraftstoffwirtschaftlichkeit (MPG)	Durchschnittliche Kraftstoffwirtschaftlichkeit der gesamten Fahrzeugflotte, gemessen in MPG
Registrierte Kraftfahrzeuge; gesamte Fahrzeugflotte	Alle registrierten Kraftfahrzeuge eines Jahres, inklusive neuer Personen- und Kleinlastwagen
Jährliche Neuwagenflotte Personenkraftwagen	Anzahl aller neu registrierten Personenkraftwagen in einem gegebenen Jahr
Jährliche Neuwagenflotte Kleinlastwagen	Anzahl aller neu registrierten Kleinlastwagen in einem gegebenen Jahr
Altwagenflotte	Anzahl aller registrierten Kraftfahrzeuge abzüglich der akkumulierten Neuwagenflotte in einem gegebenen Jahr

Akkumulierte Neuwagenflotte	Akkumulierte Neuwagenflotte aufeinanderfolgender Jahre
Anteil Personenkraftwagen an Neuwagenflotte	Jährlicher Anteil der neuen Personen-kraftwagen an der Neuwagenflotte; in Prozent
Anteil Kleinlastwagen an Neuwagenflotte	Jährlicher Anteil der neuen Kleinlastwagen an der Neuwagenflotte; in Prozent
Durchschnittlich gefahrene Meilen (VMT)	Durchschnittlich gefahrene jährliche Meilen pro Fahrzeug der gesamten Fahrzeugflotte; in Meilen

Tabelle 12: Unabhängige Variablen

Quelle: Eigene Tabelle

Der nominale Kraftstoffpreis findet in den Szenarien keine Anwendung, sondern wird, unter Verwendung des CPI-U, nur zur Ermittlung des realen Kraftstoffpreises benötigt. Der reale Kraftstoffpreis wird in den hier konstruierten Szenarien konstant auf dem Niveau des Jahres 2007, nämlich 280,6 Cent pro Gallone, gehalten. Nur im Szenario 2 wird auf diesen realen Kraftstoffpreis eine Kraftstoffsteuer in Höhe von 33, 74 und 137 Cent pro Gallone erhoben.

Die Entwicklung der gesamten Fahrzeugflotte wird an das erwartete Bevölkerungs-wachstum gekoppelt (prognostiziert vom *U.S. Census Bureau*). In den Jahren 2006 und 2007 entsprachen sich Bevölkerungszahl und Anzahl der registrierten Fahrzeuge im Verhältnis 1:0,85. (U.S. Census Bureau, 2008) (Bureau of Transportation Statistics, 2009a) Dieses Verhältnis wird für die Jahre 2010 bis 2020 fortgesetzt, so dass die gesamte Fahrzeugflotte bis zum Jahr 2020 auf über 290 Millionen Fahrzeuge anwächst. Die jährliche Neuwagenflotte machte in den vergangenen Jahren jeweils ca. 6% der Gesamtflotte aus. (National Highway Traffic Safety Administration, 2009b) Dies wird für die Jahre 2010 bis 2020 fortgeführt. Aufgrund steigender Anzahl registrierter Kraftfahrzeuge steigt demnach auch die jährliche Zahl der Neuwagen, von 15,8 Millionen Fahrzeugen 2010 auf 17,4 Millionen Fahrzeuge im Jahr 2020.

Der Anteil der Personen- und Kleinlastwagen an der jährlichen Neuwagenflotte beträgt jeweils 50%. Es handelt sich hierbei um ein Verhältnis, das in den Jahren 2006 und 2007 zu beobachten war. (National Highway Traffic Safety Administration, 2009b)

Jahr	Bevölkerung[14]	Registrierte Kraftfahrzeuge	Anzahl Autos pro Kopf (konstant)	Jährliche Neuwagen- flotte	Anteil der Neuwagen- flotte an Gesamtflotte (konstant)
2010	310.233.000	263.698.050	0,85	15.821.883	6%
2011	313.232.000	266.247.200	0,85	15.974.832	6%
2012	316.266.000	268.826.100	0,85	16.129.566	6%
2013	319.330.000	271.430.500	0,85	16.285.830	6%
2014	322.423.000	274.059.550	0,85	16.443.573	6%
2015	325.540.000	276.709.000	0,85	16.602.540	6%
2016	328.678.000	279.376.300	0,85	16.762.578	6%
2017	331.833.000	282.058.050	0,85	16.923.483	6%
2018	335.005.000	284.754.250	0,85	17.085.255	6%
2019	338.190.000	287.461.500	0,85	17.247.690	6%
2020	341.387.000	290.178.950	0,85	17.410.737	6%

Tabelle 13: Projektion der Fahrzeugflotte, 2010 - 2020

Quelle: Eigene Tabelle

Die akkumulierte Neuwagenflotte beinhaltet alle PKW und KLW aufeinanderfolgender Jahre. Wird diese von der Anzahl aller registrierten Kraftfahrzeuge subtrahiert, ergibt sich die Anzahl der Fahrzeuge in der Altwagenflotte.

Die Kraftstoffwirtschaftlichkeit der Altwagenflotte wird auf dem Niveau des Jahres 2007, nämlich 17,20 MPG konstant gehalten. Dem liegen zwei Begründungen, bzw. Annahmen zu Grunde:

Erstens enthält die Altwagenflotte keine Fahrzeuge der beiden Neuwagenflotten. Verbesserungen der Kraftstoffwirtschaftlichkeit dieser Fahrzeuge haben demnach keine Auswirkungen auf die Altwagenflotte. Zweitens wird die Annahme getroffen, dass es bei Neuwagen außerhalb der hier definierten Neuwagenflotten zu keiner Verbesserung der Kraftstoffwirtschaftlichkeit kommt, da diese Fahrzeuge, z.B. sehr große SUVs, keinem CAFE-Standard unterliegen und somit kein Anreiz besteht, ihre Kraftstoffwirtschaftlichkeit zu erhöhen.

---

[14] Laut Prognose des (U.S. Census Bureau, 2008)

Die Anzahl der gefahrenen Meilen wird auf dem Niveau des Jahres 2007 konstant gehalten, also bei durchschnittlichen 12.016 Meilen pro Fahrzeug der Flotte pro Jahr. (Energy Information Administration EIA, 2009c)

4.1.2 Abhängige Variablen

Die abhängigen Variablen werden wie folgt definiert. Die mathematischen Formeln zur Berechnung der einzelnen Variablen finden sich im Anhang.

Abhängige Variable	Definition
Durchschnittlicher Kraftstoffverbrauch pro PKW der Neuwagenflotte	Durchschnittlich gefahrene Meilen dividiert durch die MPG der PKW Neuwagen; in Gallonen
Durchschnittlicher Kraftstoffverbrauch pro KLW der Neuwagenflotte	Durchschnittlich gefahrene Meilen dividiert durch die MPG der KLW Neuwagen; in Gallonen
Durchschnittlicher Kraftstoffverbrauch pro Fahrzeug der Altwagenflotte	Durchschnittlich gefahrene Meilen dividiert durch die MPG der Altwagenflotte; in Gallonen
Kraftstoffverbrauch PKW Neuwagen	Durchschnittlicher Kraftstoffverbrauch pro PKW der Neuwagenflotte multipliziert mit der Anzahl der Fahrzeuge in der PKW Neuwagenflotte; in Gallonen
Kraftstoffverbrauch KLW Neuwagen	Durchschnittlicher Kraftstoffverbrauch pro KLW der Neuwagenflotte multipliziert mit der Anzahl der Fahrzeuge in der KLW Neuwagenflotte; in Gallonen
Kraftstoffverbrauch der Altwagenflotte	Durchschnittlicher Kraftstoffverbrauch pro Fahrzeug der Altwagenflotte multipliziert mit der Anzahl der Fahrzeuge in der Altwagenflotte; in Gallonen

Kraftstoffkonsum der gesamten Fahrzeugflotte	Kraftstoffverbrauch Altwagenflotte zuzüglich akkumulierter Kraftstoffverbrauch der PKW Neuwagen und akkumulierter Kraftstoffverbrauch der KLW Neuwagen; in Gallonen
CO_2-Ausstoß der gesamten Fahrzeugflotte	Kraftstoffverbrauch der gesamten Fahrzeugflotte in Gallonen multipliziert mit 0,0088 (Gewicht CO_2 pro Gallone in Tonnen), in Tonnen

Tabelle 14: Abhängige Variablen

Quelle: Eigene Tabelle

4.2 Basisszenario

Das Basisszenario umfasst die Jahre 2010 bis 2020. In dieser Periode wird der Kraftstoffpreis konstant auf 280,6 Cent pro Gallone gehalten. Ich habe mich für einen konstanten Kraftstoffpreis entschieden, da Projektionen über zukünftige Kraftstoff-preisentwicklungen mit sehr großen Unsicherheiten verbunden sind und demnach eine konstante Preisentwicklung ebenso wahrscheinlich ist wie starke Auf- oder Abwärts-bewegungen. Der Erwartungswert einer Kraftstoffpreisveränderung ist in der hier vorliegenden Untersuchung somit Null.

Im Basisszenario wird der CAFE-Standard der Personenkraftwagen konstant auf dem Niveau von 2007, nämlich 27,5 MPG, gehalten. Der CAFE-Standard der Kleinlastwagen wird konstant auf 22,5 MPG gehalten, ebenfalls dem Niveau des Jahres 2007. Es wird somit simuliert, dass zwar der CAFE-Standard für die Neuwagenflotte bestehen bleibt, jedoch keinen Veränderungen unterzogen wird, wie dies für die Personenkraftwagen seit 1990 der Fall ist. Die Kraftstoffwirtschaftlichkeit der Altwagenflotte lasse ich auf dem Niveau des Jahres 2007 konstant bei 17,20 MPG (siehe Anhang A1). Da die Altwagenflotte keine Fahrzeuge der beiden Neuwagenflotten enthält, kann sich folglich die Kraftstoffwirtschaftlichkeit der Altwagenflotte nicht verbessern. Von der Möglichkeit, dass sich die Kraftstoffwirtschaftlichkeit derjenigen neuen Kraftfahrzeuge verbessert, die auf Grund der Kategorisierung des CAFE-Standards nicht zu den Personen- und Kleinlastwagen zählen, wird hier abstrahiert.

Die Anzahl der registrierten Kraftfahrzeuge lasse ich analog zum Bevölkerungs-wachstum ansteigen. Die jährliche Neuwagenflotte beläuft sich in jedem Jahr konstant auf 6% der registrierten Kraftfahrzeuge. Zusätzlich wird von einem Verhältnis der Personen- zu Kleinlastwagen von 50:50 ausgegangen. Die Anzahl der durchschnittlich gefahrenen Meilen bleibt konstant bei 12.016 Meilen pro Fahrzeug.

Die Ergebnisse des Basisszenarios lassen sich wie folgt zusammenfassen:

Die durchschnittlich konsumierten Gallonen Kraftstoff pro Jahr bleiben für alle drei Teilflotten (Altwagenflotte, neue PKW und neue KLW) im Laufe der Jahre konstant, da sich weder die Kraftstoffwirtschaftlichkeit noch die gefahrenen Meilen der drei Teilflotten verändern (siehe Anhang A1).

Im Ergebnis fällt jedoch der Kraftstoffkonsum der gesamten Fahrzeugflotte (Altwagenflotte zuzüglich akkumulierter Neuwagenflotte) von 180,8 Milliarden Gallonen im Jahr 2010 auf 163,8 Milliarden Gallonen im Jahr 2020 (siehe Anhang A3).

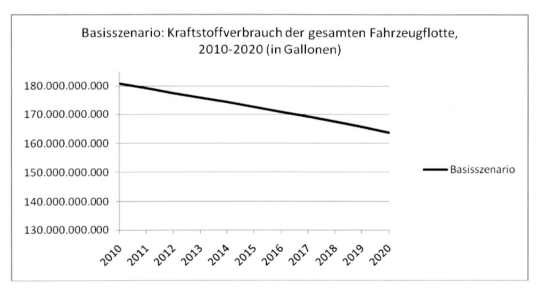

Abbildung 13: Basisszenario: Kraftstoffverbrauch der gesamten Fahrzeugflotte, 2010-2020
Quelle: Eigene Berechnung

Der Kraftstoffverbrauch der gesamten Fahrzeugflotte fällt, da die Fahrzeuge der beiden Neuwagenflotten auf Grund ihres höheren Kraftstoffwirtschaftlichkeits-standards deutlich weniger Gallonen pro Jahr konsumieren als Fahrzeuge der

Altwagenflotte. Und da die akkumulierte Neuwagenflotte mit jedem Jahr einen größeren Anteil aller Fahrzeuge ausmacht, sinkt folglich der Kraftstoffverbrauch der Gesamtflotte von Jahr zu Jahr.

Da der CO_2-Ausstoß an die Gallonen gekoppelt ist, lässt sich auch hier ein Rückgang beobachten. Der CO_2-Ausstoß fällt von 1,6 Milliarden Tonnen im Jahr 2010 auf 1,4 Milliarden Tonnen im Jahr 2020 (siehe Anhang A3).

4.3 Steuerszenario

Im Steuerszenario wird zunächst der reale Kraftstoffpreis über die Jahre 2010 bis 2020 konstant bei 280,6 Cent pro Gallonen gehalten. Ebenso wie im Basisszenario bleibt der CAFE-Standard der beiden Neuwagenflotten bei 27,5 und 22,5 MPG konstant. Die Kraftstoffwirtschaftlichkeit der Altwagenflotte bleibt konstant bei 17,2 MPG. Die Anzahl der gesamten Fahrzeugflotte sowie der Neuwagen wird ebenfalls wie im Basisszenario angehoben. Die gefahrenen Meilen pro Fahrzeug bleiben zunächst konstant (siehe Anhang B1). In einem weiteren Schritt werden Steuern in Höhe von 33, 74 und 137 Cent pro Gallone erhoben.

4.3.1 Niedrige Steuer

Die niedrige Steuer von 33 Cent pro Gallone entspricht dem unteren Schätzwert für die Schadenskosten von CO_2-Ausstoß und Ölabhängigkeit. Sie wird nicht in einem Zug, sondern Schrittweise in den Jahren 2010 bis 2020 auf den realen Kraftstoffpreis erhoben. Somit erreicht der reale Kraftstoffpreis im Jahr 2020 einen Wert von 313,6 Cent pro Gallone (siehe Anhang B1). (Sowohl realer Kraftstoffpreis als auch Steuer sind auf das Basisjahr 2007 bezogen.)

Der steigende Kraftstoffpreis ruft eine Reduzierung der gefahrenen Meilen hervor, da die Nachfrage nach Kraftstoff nicht völlig unelastisch ist. Um diesen Effekt zu simulieren, wende ich im Steuerszenario eine Nachfrageelastizität von -0,077 an, wie sie Hughes in einer Studie für die Jahre 2001 bis 2006 ermittelte. (Hughes u. a., 2007)

Elastizität (E) beschreibt die prozentuale Veränderung der abhängigen Variable im Verhältnis zur prozentualen Veränderung der unabhängigen Variable.

$$E = \frac{Prozentuale\ \ddot{A}nderung\ der\ abh\ddot{a}ngigen\ Variable}{Prozentuale\ \ddot{A}nderung\ der\ unabh\ddot{a}ngigen\ Variable}$$

Im vorliegenden Fall ist der Preis (P) die unabhängige Variable, während die gefahrenen Meilen (VMT) die abhängige Variable darstellt.

Bei gegebenem Kraftstoffpreis $(Palt)$, neuem Kraftstoffpreis mit Steuer $(Pneu)$, gegebener Anzahl gefahrener Meilen vor der Steuererhöhung $(VMTalt)$ und gegebener Elastizität (E) lässt sich die Anzahl der gefahrenen Meilen nach der Steuererhöhung $(VMTneu)$ wie folgt ermitteln:

$$E * \frac{Pneu - Palt}{Palt} * VMTalt + VMTalt = VMTneu$$

Wie Hughes in seiner Analyse feststellte, ist eine langfristige Nachfrageelastizität des Kraftstoffpreises empirisch schwer zu messen. (Hughes u. a., 2007) Daher wird im Steuerszenario nur eine kurzfristige Elastizität von -0,077 verwendet, die jedes Jahr aufs Neue angewandt wird, da sich auch der Kraftstoffpreis durch die Steuer jedes Jahr schrittweise erhöht.

Die Variable $VMTalt$ nimmt dabei jeweils den Wert des Vorjahres an. Insgesamt fallen die gefahrenen Meilen bei einer Steuer von 33 Cent pro Gallone von 12.006 auf 11.379 Meilen. Dies gilt für alle drei Teilflotten (siehe Anhang B1).

Nach der Ermittlung des durchschnittlichen und gesamten Kraftstoffverbrauchs der drei Teilflotten ergibt sich folgendes Bild für den Kraftstoffverbrauch der gesamten Fahrzeugflotte bei einer niedrigen Steuer von 33 Cent pro Gallone:

Der Kraftstoffverbrauch fällt von 180,7 Milliarden auf 157,9 Milliarden Gallonen. Gegenüber dem Basisszenario wird eine Reduzierung des Kraftstoffkonsums um 6 Milliarden Gallonen realisiert. Der CO_2-Ausstoß fällt von 1,6 auf 1,4 Milliarden Tonnen (siehe Anhang B5 und B8). Für den CO_2-Ausstoß ergibt sich durch eine Rundung der gleiche Wert wie im Basisszenario. Wie im Anhang deutlich wird, können aber mit einer Steuer von 33 Cent rund 500 Millionen Tonnen CO_2 gegenüber dem Basisszenario eingespart werden.

4.3.2 Mittlere Steuer

Die mittlere Steuer nimmt einen Wert von 74 Cent pro Gallone an und wird zwischen 2010 und 2020 kontinuierlich angehoben, bis sich der reale Kraftstoffpreis bis 2020 auf 354,6 Cent pro Gallone erhöht hat.

Wiederum wird eine Nachfrageelastizität von -0,077 angewandt, so dass sich die durchschnittlich gefahrenen Meilen reduzieren. Da der neue Kraftstoffpreis hier erheblich höher ausfällt als bei der niedrigen Steuer, ist ein stärkerer Rückgang der gefahrenen Meilen zu beobachten, nämlich auf 10.628 Meilen (siehe Anhang B2).

Der Kraftstoffverbrauch insgesamt fällt daraufhin von 180,5 Milliarden auf 150,9 Milliarden Gallonen zwischen 2010 und 2020. Der CO_2-Ausstoß fällt von 1,6 auf 1,3 Milliarden Tonnen. Erwartungsgemäß sind Kraftstoffverbrauch und CO_2 hier niedriger als bei der geringen Steuer (siehe Anhang B6 und B8).

4.3.3 Hohe Steuer

Die ermittelte hohe Steuer beläuft sich auf 137 Cent pro Gallone. Kontinuierlich angehoben steigt somit der reale Kraftstoffpreis bis 2020 auf 417,59 Cent pro Gallone. Zusammen mit der durchschnittlichen, bereits im Preis enthaltenen Kraftstoffsteuer von 45,6 Cent, beläuft sich der Steueranteil am Kraftstoffpreis somit auf 43,7%. Dies ist eine deutliche Erhöhung gegenüber dem jetzigen Stand von 12,7%, aber immer noch weit unter den Steueranteilen anderer OECD-Länder am Kraftstoffpreis.

Die Annahmen des Steuerszenarios bezüglich Anzahl der Kraftfahrzeuge und Kraftstoffwirtschaftlichkeit bleiben bestehen. Die Nachfrageelastizität von -0,077 bedingt einen Rückgang der gefahrenen Meilen auf 9.561 für alle Kraftfahrzeuge.

Im Endergebnis führt die hohe Steuer zu einem Kraftstoffverbrauch, der zwischen 2010 und 2020 von 180,2 Milliarden auf 140,9 Milliarden Gallonen abnimmt. Der CO_2-Ausstoß sinkt von 1,6 auf 1,2 Milliarden Tonnen (siehe Anhang B7 und B8).

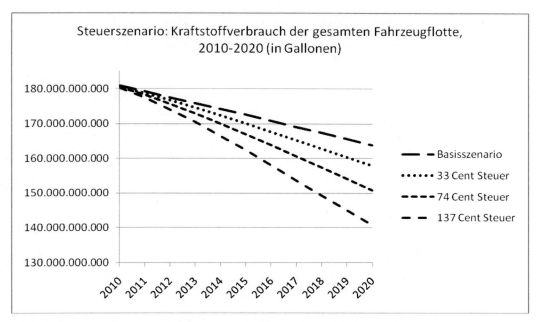

Abbildung 14: Steuerszenario: Kraftstoffverbrauch der gesamten Fahrzeugflotte, 2010-2020

Quelle: Eigene Berechnung

4.4 CAFE-Szenario

Im CAFE-Szenario wird der kombinierte CAFE-Standard beider Neuwagenflotten auf 35,5 MPG bis zum Jahr 2020 angehoben. Dieses wird erzielt, indem, ausgehend vom CAFE-Standard des Jahres 2007, der CAFE-Standard beider Neuwagenflotten um jeweils 1 MPG pro Jahr angehoben wird (siehe Anhang C1). Es handelt sich hierbei um eine vereinfachte Annahme. In der Realität müssen Erhöhungen des CAFE-Standard der PKW nicht völlig analog zu Erhöhungen des CAFE-Standard der KLW erfolgen.

Der kombinierte CAFE-Standard von 35,5 MPG entspricht der Gesetzgebung des EISAct 2007. Darin ist festgeschrieben, dass der kombinierte CAFE-Standard bis 2020 auf mindestens 35,0 MPG steigen soll. (U.S. Kongress, 2007) Präsident Obama hat zwischenzeitlich angekündigt, dieses Ziel schon bis 2016 erreichen zu wollen. (Obama, 2009a)

Da im CAFE-Szenario der Kraftstoffpreis konstant auf 280,6 Cent pro Gallone gehalten wird, werden keine Nachfrageelastizitäten berechnet. Die Anzahl der durchschnittlich gefahrenen Meilen bleibt konstant.

Auf Grund des steigenden CAFE-Standard fallen im Ergebnis die durchschnittlich konsumierten Gallonen Kraftstoff pro neuem Personen- und Kleinlastwagen erheblich, von 437 auf 320 Gallonen pro neuem Personenkraftwagen und von 511 auf 359 Gallonen pro neuem Kleinlastwagen. Die durchschnittlich konsumierten Gallonen Kraftstoff der Altwagenflotte bleiben hingegen konstant (siehe Anhang C1).

Auf Grund der steigenden Anzahl der Fahrzeuge in der akkumulierten Neuwagenflotte und der fallenden Anzahl der Fahrzeuge in der Altwagenflotte sinkt der Kraftstoffverbrauch der gesamten Fahrzeugflotte zwischen 2010 und 2020 von 180,7 auf 148,0 Milliarden Gallonen. Der CO_2-Ausstoß sinkt von 1,6 auf 1,3 Milliarden Tonnen (siehe Anhang C3).

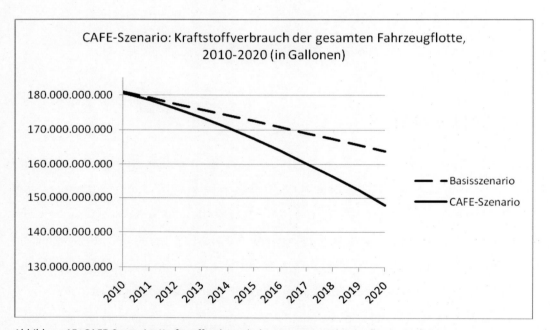

Abbildung 15: CAFE-Szenario: Kraftstoffverbrauch der gesamten Fahrzeugflotte, 2010-2020
Quelle: Eigene Berechnung

Das CAFE-Szenario führt zu ähnlichen Ergebnissen wie eine Steuer von 74 Cent pro Gallone. Der Unterschied im Kraftstoffverbrauch beläuft sich auf 3 Milliarden Gallonen im Jahr 2020. Es sei hier angemerkt, dass trotz dieser erheblichen Größenordnung die Ergebnisse als „ähnlich" beschrieben werden, da bei einem jährlichen Kraftstoffverbrauch von über 145 Milliarden Gallonen die Summe von 3 Milliarden Gallonen durchaus zu vernachlässigen ist.

4.5 Zusammenfassung der quantitativen Untersuchung

Drei grundlegende Erkenntnisse können aus der hier vorgenommenen Modellierung drei verschiedener Steuern und einer Erhöhung des CAFE-Standard gewonnen werden: Erstens führt, ausgehend vom Basisszenario, jede hier modellierte Staatsintervention zur Reduzierung von Kraftstoffverbrauch und CO_2-Ausstoß im amerikanischen Transportsektor. Dies ist positiv zu bewerten, weil es verdeutlicht, dass beiden Steuerungsmechanismen das Potential innewohnt, maßgebliche Reduzierung von Kraftstoffverbrauch und CO_2-Ausstoß herbeizuführen.

Kraftstoffverbrauch in Milliarden Gallonen

	Basis-szenario	Niedrige Steuer	Mittlere Steuer	Hohe Steuer	CAFE-Szenario
2010	180,9	180,7	180,5	180,2	180,7
2020	163,8	157,9	150,9	140,9	148,0

Tabelle 15: Zusammenfassung der quantitativen Untersuchung: Kraftstoffverbrauch

Quelle: Eigene Tabelle

Zweitens wirken sich Steuern über die Nachfrageelastizität und die Reduzierung der gefahrenen Meilen auf den Kraftstoffverbrauch und die CO_2-Emissionen aus. Eine Steuer von 33 Cent erzielt gegenüber dem Basisszenario nur geringe Einsparungen, eine Steuer von 137 kann hingegen erhebliche Kraftstoff- und CO_2-Einsparungen herbeiführen.

Drittens wirkt sich eine Anhebung des CAFE-Standard auf die Kraftstoffwirtschaft-lichkeit der jährlichen und akkumulierten Neuwagenflotte aus. Die verbesserte Kraftstoffeffizienz führt zu Einsparungen von Kraftstoffverbrauch und CO_2-Ausstoß. Wie in Abbildung 16 deutlich wird, ist der CAFE-Standard ein Instrument, das erst im Laufe der Zeit seine Wirkungskraft entfaltet, da sich die verbesserte Kraftstoffwirtschaftlichkeit der Neuwagen erst nach und nach auf die gesamte Fahrzeugflotte auswirken. Die Kurve des CAFE-Standard und der Steuer von 74 Cent schneiden sich im Jahr 2017. Danach verzeichnet der CAFE-Standard größere Kraftstoffeinsparungen als die Steuer.

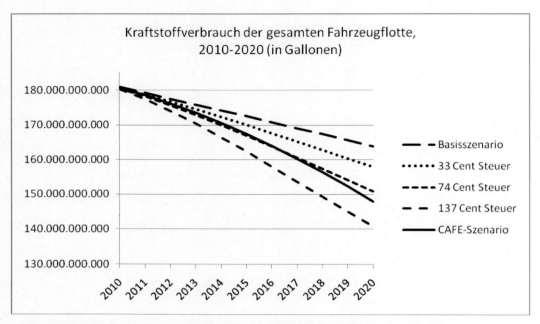

Abbildung 16: Alle Szenarien: Kraftstoffverbrauch der gesamten Fahrzeugflotte, 2010-2020

Quelle: Eigene Berechnung

Der CO_2-Ausstoß ist an den Kraftstoffkonsum gekoppelt. Die erzielten Reduzierungen des CO_2-Ausstoßes verlaufen demnach analog zum Kraftstoffverbrauch.

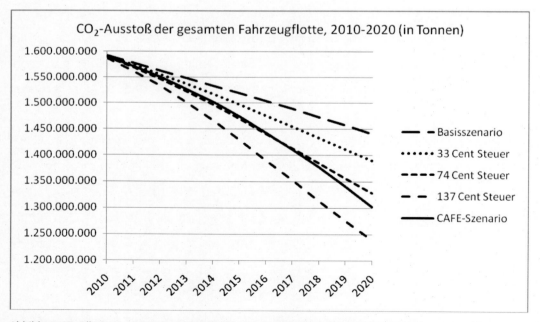

Abbildung 17: Alle Szenarien: CO_2-Ausstoß der gesamten Fahrzeugflotte, 2010-2020

Quelle: Eigene Berechnung

5. CAFE-Standard und Kraftstoffsteuer im Vergleich

Die hier modellierten Szenarien weisen auf keine eindeutige Superiorität oder Inferiorität des einen oder anderen Steuerungsinstrumentes hin. Besonders bei einer Steuer von 74 Cent pro Gallone und einem kombinierten CAFE-Standard von 35,5 MPG bis 2020 weisen die Szenarien ähnliche Entwicklungspfade für Kraftstoffverbrauch und CO_2-Ausstoß auf. Somit bleibt die abschließende Frage zu klären, welches der beiden Steuerungsinstrumente aus wirtschaftspolitischer Sicht zu empfehlen ist.

5.1 Kraftstoffverbrauch

Der durchschnittliche Kraftstoffverbrauch eines Fahrzeuges bestimmt sich durch die durchschnittlich gefahrenen Meilen (VMT) und die Kraftstoffwirtschaftlichkeit (MPG)

$$\text{Durchschnittlicher Kraftstoffverbrauch = VMT/MPG}$$

Nachfolgend soll auf die Auswirkungen einer Steuer und eines Standards auf VMT und MPG und somit auch den durchschnittlichen Kraftstoffverbrauch eingegangen werden:

5.1.1 Kraftstoffwirtschaftlichkeit

Der CAFE-Standard findet nur auf Neuwagen Anwendung und es kommt somit zu einer ausschließlichen Verbesserung der Kraftstoffwirtschaftlichkeit neuer Fahrzeuge. Die Kraftstoffwirtschaftlichkeit bestehender Fahrzeuge, oder von Neuwagen, die nicht vom CAFE-Standard erfasst werden, bleibt jedoch unberührt. (Austin & Dinan, 2004) Dies wird im CAFE-Szenario deutlich: Bei Anhebung des CAFE-Standard verbessert sich nur die Kraftstoffwirtschaftlichkeit der beiden Neuwagenflotten. Die Kraftstoffwirtschaftlichkeit der Altwagenflotte bleibt konstant (siehe Anhang C1).

Steuern wirken sich hingegen nur indirekt auf die Kraftstoffwirtschaftlichkeit der Flotte aus. Wenn Steuern als permanent angesehen werden, z.B. weil sie regelmäßig der Inflation angepasst werden, kann es zu einer erhöhten Nachfrage nach kraftstoffsparenden Fahrzeugen kommen, wodurch sich im Laufe der Zeit die Flotte mit kraftstoffwirtschaftlicheren Fahrzeugen erneuert. (Austin & Dinan, 2002, S. 15) Auch kann eine als permanent angesehene Steuer in der langen Frist die Wahl der Wohn- und Arbeitsstätten so verändern, dass sich der Weg zur Arbeit und somit der Kraftstoffverbrauch reduziert. (Austin, 2008, S. 3) Dieser Effekt konnte auf Grund fehlender empirischer Daten in den vorliegenden Szenarien nicht modelliert werden, in der Realität ist aber mit einem positiven Effekt auf Kraftstoffreduzierung zu rechnen. In Bezug auf die Kraftstoffwirtschaftlichkeit der Neuwagenflotte üben beide Steuerungsmechanismen einen Effekt in dieselbe Richtung aus. Während aber die Kraftstoffwirtschaftlichkeit der Neuwagenflotte mittels CAFE-Standard genau festgelegt werden kann, bestimmen bei einer Steuer die Präferenzen der Konsumenten über die Kraftstoffwirtschaftlichkeit der Neuwagen. D.h. eine Verbesserung der Kraftstoffwirtschaftlichkeit wird über Marktdruck erzeugt. Die Erneuerung der Flotte mit besserer Kraftstoffwirtschaftlichkeit ist daher über den CAFE-Standard einfacher zu planen und zu regulieren.

Insgesamt wirkt sich eine Verbesserung der Kraftstoffwirtschaftlichkeit neuer Fahrzeuge erst mit großer Zeitverzögerung maßgeblich auf die Kraftstoffwirtschaft-lichkeit der gesamten Flotte aus. Dies wird im CAFE-Szenario ersichtlich, in dem der Kraftstoffverbrauch nicht kontinuierlich, sondern von Jahr zu Jahr mehr abnimmt. Erhebliche Kraftstoffeinsparungen sind über diesen Mechanismus in der kurzen Frist daher nicht möglich. Langfristig kann eine Verbesserung der Kraftstoffwirtschaft-lichkeit aber Erfolge verzeichnen. (Nivola & Crandall, 1995, S. 8)

5.1.2 Durchschnittlich gefahrene Meilen

Auf Grund der negativen Nachfrageelastizität des Preises führt eine Steuer zur Reduzierung der gefahrenen Meilen, sowohl in der kurzen als auch langen Frist. Dies betrifft pauschal alle Autofahrer, deren Nachfrage nicht völlig unelastisch ist. Das Alter des Fahrzeuges spielt dabei keine Rolle. Im Steuerszenario wurde dieser Effekt durch eine Nachfrageelastizität von -0,077 modelliert. Sie führt zur Reduzierung der gefahrenen Meilen für alle Fahrzeugkategorien. Bei einer Steuer von 137 Cent bewirkt die Nachfrageelastizität dabei die größten Effekte.

Der CAFE-Standard bietet hingegen keinen Anreiz, die gefahrenen Meilen zu reduzieren. Dies wurde im CAFE-Szenario durch eine unveränderte Anzahl gefahrener Meilen simuliert. Bei Neuwagen kann es sogar zur Erhöhung der gefahrenen Meilen kommen, denn durch den CAFE-Standard weisen Neuwagen verbesserte Kraftstoffeffizienz auf, wodurch die Kosten pro Meile sinken. So wird den Fahrern dieser Fahrzeuge ein Anreiz geboten, die Anzahl der gefahrenen Meilen sogar zu erhöhen. Diese Problematik wird mit dem Begriff *Rebound*-Effekt gekennzeichnet. Empirische Untersuchungen kommen zu dem Schluss, dass sich die Elastizität des *Rebound*-Effektes zwischen 0,1 und 0,2 bewegt. Jede 10-prozentige Verbesserung der Kraftstoffwirtschaftlichkeit würde demnach die gefahrenen Meilen um 1% bis 2% erhöhen. (Haughton & Sarkar, 1996, S. 8) Da dieser Effekt relativ gering ist und darüber hinaus nur die relativ kleine Neuwagenflotte eines jeden Jahres betrifft, wurde auf die Modellierung im CAFE-Szenario verzichtet.

Insgesamt wird eine Steuer zur Reduzierung der gefahrenen Meilen und somit zur Reduzierung des durchschnittlichen Kraftstoffverbrauchs beitragen. Die Effekte treten sofort ein, wodurch auch schon in der kurzen Frist Erfolge zu verzeichnen sind.

Der CAFE-Standard büßt hingegen einen Teil seines Einsparungspotentials ein, da er nicht in der Lage ist, die marginalen Kosten für eine zusätzlich gefahrene Meile zu erhöhen. (Nivola & Crandall, 1995, S. 7) Der CAFE-Standard wirkt somit zwar entsprechend der politischen Vorgaben, da die Kraftstoffwirtschaftlichkeit gesteigert wird, bezüglich der gefahrenen Meilen wirkt sich aber die verbesserte Kraftstoffwirtschaftlichkeit kontraproduktiv aus.

5.1.3 Zusammenfassung Kraftstoffverbrauch

Es werden unterschiedliche Wirkungsweisen von CAFE und Steuer sichtbar: Der CAFE-Standard wirkt erst langfristig, ist aber gut planbar. Eine Steuer wirkt bereits kurzfristig, ist aber weniger planbar, da ihre Erfolge auch vom Kraftstoffpreis und der Nachfrageelastizität abhängen.

Insgesamt verändert eine Steuer sowohl MPG als auch VMT in die gewünschte Richtung. Der CAFE-Standard kann hingegen nur die MPG verändern. Auf die VMT hat er keinen direkten Einfluss. (Clerides & Zachariadis, 2008, S. 2659)

5.2 CO$_2$-Ausstoß

Da eine Steuer die Kosten pro gefahrene Meile erhöht, wird das Fahraufkommen in der Regel abnehmen. Dies senkt den Kraftstoffkonsum und reduziert den CO$_2$-Ausstoß. Der Wirkungsgrad ist dabei in hohem Maße vom zu Grunde liegenden Kraftstoffpreis, der Höhe der Steuer und der Nachfrageelastizität abhängig. Sollte z.B. die Nachfrageelastizität nahezu unelastisch sein, so kann eine Steuer keine maßgeblichen Effekte auf die gefahrenen Meilen, den Kraftstoffverbrauch und somit den CO$_2$-Ausstoß hervorrufen.

Ein Standard kann die Kraftstoffwirtschaftlichkeit der Neuwagenflotte, und auf längere Sicht auch der gesamten Fahrzeugflotte verbessern. Dies reduziert den durchschnittlichen Kraftstoffverbrauch und somit den CO$_2$-Ausstoß. Durch den *Rebound*-Effekt können gleichzeitig aber die gefahrenen Meilen erhöht werden, wodurch der Kraftstoffverbrauch zum Teil wieder ansteigt und einige potentielle Reduzierungen des CO$_2$-Ausstoßes nicht realisiert werden.

Insgesamt können beide Steuerungsinstrumente in der langen Frist erfolgreich wirken – vorausgesetzt der CAFE-Standard wird gegenüber dem heutigen Niveau erhöht und auch die Kraftstoffsteuer wird auf mindestens 74 Cent angehoben.

5.3 Weitere Externalitäten

Eine Steuer senkt in der Regel die Anzahl der gefahrenen Meilen und somit das Verkehrsaufkommen. Dies kann zur Reduzierung anderer Externalitäten des Transportsektors beitragen, z.B. Lärm, Unfälle, Straßenverschleiß, lokale Luftverschmutzung, Staus und Verspätungen.

Der CAFE-Standard wird hingegen in der Regel das Verkehrsaufkommen nicht reduzieren. Vielmehr kann es durch den *Rebound*-Effekt sogar steigen. Dadurch würden auch andere Externalitäten erhöht. (Austin & Dinan, 2002, S. x)

Eine Steuer hat in Bezug auf andere Externalitäten eindeutig positive Effekte, während die Auswirkungen eines Standards gemischt ausfallen.

5.4 Staatseinnahmen

Eine Kraftstoffsteuer generiert Staatseinnahmen. Durch die bestehenden Kraftstoffsteuern wurden im Jahr 2006 für den *Highway Trust Fund* 33,91 Milliarden Dollar generiert. (Federal Highway Administration, 2008). Ein Standard generiert hingegen keine Staatseinnahmen, abgesehen von Strafzahlungen. Stattdessen wird der Staat mit Ausgaben für die behördliche Regulierung belastet (die tatsächliche finanzielle Belastung des Staates konnte nicht ermittelt werden).

Darüber hinaus sinken bei fallendem Kraftstoffkonsum die Einnahmen aus der bereits bestehenden Kraftstoffsteuer. Wird die Reduzierung des Kraftstoffkonsums durch eine Verbesserung der Kraftstoffwirtschaftlichkeit, nicht jedoch durch eine Reduzierung der gefahrenen Meilen hervorgerufen, so entsteht folgendes Problem: Das Verkehrsaufkommen und der Straßenverschleiß bleiben konstant oder nehmen sogar zu, während die Einnahmen des *Highway Trust Fund* sinken. Dies könnte den *Highway Trust Fund* in der Zukunft von staatlichen Zuschüssen abhängig machen und den Staatshaushalt zusätzlich belasten. (Austin & Dinan, 2002, S. xi)

In Hinsicht auf Ein- und Ausgaben des Staates ist eine Steuer einem Standard demnach überlegen. Es kann sogar argumentiert werden, dass zusätzliche Steuereinnahmen in erneuerbare Energien investiert werden können, um die Ölabhängigkeit weiter zu reduzieren. Die geleisteten Ausgaben für den Standard vermindern hingegen das Budget des Staates für die Finanzierung anderer energie- und kraftstoffbezogener Projekte.

5.5 Konsumenten

Eine Kraftstoffsteuer wird die Konsumenten zusätzlich zum Kraftstoffpreis finanziell belasten. Bei einem älteren Fahrzeug mit einer Kraftstoffwirtschaftlichkeit von 17,2 MPG und einem jährlichen Fahraufkommen von 12.000 Meilen verursacht eine Steuer von 33 Cent pro Gallone eine zusätzliche jährliche Belastung von 230 Dollar, eine Steuer von 137 Cent sogar 956 Dollar. Bei einem Neufahrzeug mit 27,5 MPG und ebenfalls 12.000 Meilen Fahraufkommen verursacht eine Steuer von 33 Cent zusätzliche jährliche Kosten von 144 Dollar, eine Steuer von 137 Cent rund 597 Dollar pro Jahr.

Hinzu kommen Nutzeneinbußen, z.B. durch geringere Mobilität auf Grund der Nachfrageelastizität. Die Verkaufspreise für Neuwagen können steigen, wenn es durch die Steuer zu erhöhter Nachfrage nach kraftstoffeffizienteren Fahrzeugen kommt und den Produzenten durch Effizienzsteigerung der Fahrzeuge höhere Kosten entstehen. Ein Nutzenverlust der Konsumenten durch die Steuer ist die Folge. Die zusätzliche finanzielle Belastung aller Kraftstoffkonsumenten - ob Privatpersonen oder Unternehmen - kann darüber hinaus negative Auswirkungen auf Konsum, Investitionen und Sparen haben. Inwieweit diese Auswirkungen durch Einnahmen aus der Steuer ausgeglichen werden könne, bleibt fraglich. In den hier modellierten Szenarien wurden die Steuern so festgelegt (mit drei unterschiedlichen Schätzwerten), dass sie die externen Kosten des Kraftstoffkonsums beinhalten und lediglich der Überkonsum des Kraftstoffes abgebaut wird. Mit erheblichen negativen Auswirkungen auf die Volkswirtschaft muss daher nicht gerechnet werden.

Bei einem Standard sind die Effekte nicht eindeutig. Zum einen bietet der Standard die Möglichkeit, bei unverändertem Fahrverhalten die Ausgaben für Kraftstoff zu verringern. Das CAFE-Szenario zeigt: Der durchschnittliche Kraftstoffverbrauch eines neuen Personenkraftwagens verbessert sich zwischen 2010 und 2020 von 436 auf 320 Gallonen pro Jahr. Bei einem Kraftstoffpreis von 280,6 Cent pro Gallone können somit im Jahr 2020 gegenüber dem Jahr 2010 jährlich 331 Dollar eingespart werden.

Zum anderen kann bei unveränderten Ausgaben die verbesserte Kraftstoffwirtschaftlichkeit genutzt werden, um die Mobilität zu erhöhen. Beide Varianten bieten den Konsumenten einen Nutzenzuwachs. Durch den CAFE-Standard wird aber möglicherweise die Wahlmöglichkeit der Konsumenten in Bezug auf Kraftstoffwirtschaftlichkeit reduziert. Dies bedeutet für einige Konsumenten einen Nutzenverlust. (National Research Council, 2002, S. 84)

Die Kosten für Neuwagen können durch den Standard sowohl fallen als auch steigen. Sie steigen, wenn der Hersteller Mehrkosten der Produktion auf alle Fahrzeuge seiner Flotte umlegt. Sie fallen, wenn der Hersteller durch so genanntes *Mix-Shifting* versucht, den Anteil kraftstoffeffizienterer Fahrzeuge an seiner Flotte durch einen niedrigeren Preis zu steigern, um so den CAFE-Standard zu erfüllen. Dies wird in der

Regel durch höhere Preise der weniger effizienten Fahrzeuge subventioniert. Kraftstoffeffizientere Autos können somit billiger, andere hingegen teurer werden. Die Auswirkungen eines Standards auf den Kaufpreis von Fahrzeugen sind daher ambivalent. (Austin & Dinan, 2002, S. 11)

Eine Steuer führt bei den Konsumenten zu einem Nutzenverlust, ein Standard kann hingegen einen Nutzenzuwachs hervorrufen. Konsumenten werden daher dem CAFE-Standard gegenüber einer Kraftstoffsteuer den Vorrang geben.

5.6 Produzenten

Es handelt sich beim CAFE-Standard um eine Auflage, die alle Produzenten erfüllen müssen, die Fahrzeuge in den USA verkaufen. Obwohl keine Vorgaben gemacht werden, wie der CAFE-Standard erfüllt wird, handelt es sich hierbei dennoch um eine Einschränkung der Entscheidungsfreiheit der Produzenten. Dies ist in einem freien Markt prinzipiell negativ zu bewerten. Andererseits sind alle Produzenten im gleichen Maße von dieser Regulierung betroffen, wodurch die Wettbewerbsfähigkeit unberührt bleibt.

Allein die Zwei-Flottenregelung der Personenkraftwagen kann zu Wettbewerbs-verzerrungen auf dem Automarkt führen. Die Zwei-Flotten-Regelung besagt, dass importierte Autoflotten den vorgeschriebenen CAFE Standard separat erfüllen müssen. Betreiben inländische Produzenten *Mix-Shifting*, um den CAFE Standard für ihre inländische Flotte zu erfüllen, so werden sie vermehrt kleine und kraftstoffeffiziente Fahrzeuge verkaufen. (Kwoka, 1983, S. 699) Ausländische Produzenten, die Strafzahlungen in Kauf nehmen, können hingegen ihren Markanteil im Bereich großer und schwerer Autos erhöhen. Auf diese Weise stört der CAFE-Standard den freien Wettbewerb.

In den USA werden Kraftstoffsteuern auf Produzentenebene erhoben. Es kann jedoch davon ausgegangen werden, dass diese an die Konsumenten weitergegeben werden. Da eine Steuer jede Gallone Kraftstoff in gleichem Maße belastet, sind Wett-bewerbsverzerrungen auf Ebene der Produzenten hier nur schwer vorstellbar. Allerdings setzt eine Steuer Anreize, Kraftfahrzeuge weniger zu nutzen. Dies verringert die Verkaufszahlen der Produzenten und somit ihren Umsatz und ihre Profite. (Austin & Dinan, 2002, S. viii)

Der Standard bietet den Produzenten keinen Anreiz, über die Vorgaben der Behörde hinaus die Kraftstoffwirtschaftlichkeit ihrer Kraftfahrzeuge zu erhöhen. Bei einer Steuer wird sich hingegen die Kraftstoffwirtschaftlichkeit nach den Wünschen der Kunden richten.

Sowohl Steuer- als auch Standard greifen in den freien Markt ein. Die hier dargestellte kurze Betrachtung lässt jedoch keine abschließende Beurteilung über die Auswirkungen von Steuer und Standard auf die Gruppe der Produzenten zu.

5.7 Verteilungseffekte

Die Verteilungseffekte eines Standards auf unterschiedliche Einkommensgruppen sind bisher unzureichend erforscht, denn sie hängen von der Strategie der Hersteller bezüglich *Mix-Shifting* und der Präferenz der Konsumenten bezüglich des Fahrzeugtyps ab. Eine Steuer wird hingegen auf jeden Fall höhere Kosten des Kraftstoffkonsums hervorrufen. Haushalte mit niedrigerem Einkommen sind davon stärker belastet, da sie einen größeren Teil ihres Einkommens für Kraftstoff ausgeben. Haushalte in ländlichen Gebieten sind stärker betroffen als Haushalte in Ballungsgebieten, in denen eventuell öffentliche Verkehrsmittel zur Verfügung stehen. Anders als ein Standard generiert jedoch eine Steuer Staatseinnahmen. Diese können zum Ausgleich dieser Verteilungseffekte genutzt werden, indem z.B. öffentliche Verkehrsmittel auch in weniger stark bevölkerten Gebieten gefördert werden. (Austin & Dinan, 2002, S. 29ff.)

In Bezug auf die Verteilungswirkung kann kein abschließendes Urteil gefällt werden, da über die Effekte eines Standards auf unterschiedliche Personengruppen keine ausreichenden Studien vorliegen.

5.8 Öffentliche Akzeptanz

Der CAFE Standard genießt eine hohe Zustimmung der Bevölkerung. In einer Umfrage des *PEW Research Center* aus dem Jahr 2008 geht hervor, dass 90% der Amerikaner einen höheren Kraftstoffwirtschaftlichkeitsstandard zur Einsparung von Kraftstoff und zur Schonung der Umwelt unterstützen. Hingegen sprechen sich nur 22% der Befragten für eine höhere Kraftstoffsteuer aus. (Pew Research Center, 2008)

Diese breite Ablehnung hat zahleiche Ursachen:

Im Schnitt besitzt jeder Amerikaner 0,85 Autos und fährt 12.016 Meilen im Jahr. (Energy Information Administration EIA, 2009c), (Bureau of Transportation Statistics, 2009a), (U.S. Census Bureau, o. J.) Das öffentliche Verkehrsnetz ist im Gegensatz zu Europa schlecht ausgebaut und in vielen ländlichen Gebieten sind Personenkraftwagen für Mobilität unabdingbar. Eine Kraftstoffsteuer ist daher eine stark wahrgenommene finanzielle Belastung für beinahe alle Amerikaner. Hinzu kommt, dass die gestiegenen realen Kraftstoffpreise der vergangenen Jahre bereits in vielen Haushalten zu gestiegenen Ausgaben für Kraftstoff geführt haben. Eine weitere Belastung durch eine Steuer ist daher unerwünscht. (Pew Research Center, 2008) Schlussendlich muss sich eine Steuer auch den Vorwurf gefallen lassen, sie würde zum bloßen Schuldenabbau des Staates und nicht zur Reduzierung von Kraftstoffverbrauch und CO_2-Ausstoß erhoben. Ein Standard, der für den Staat keine Einnahmen geniert, ist von einem solchen Vorwurf befreit. Darüber hinaus scheint der CAFE-Standard die Produzenten, nicht die Konsumenten zu betreffen. Führt der CAFE-Standard zu höheren Preisen für Neuwagen, so ist nur ein kleiner Teil der Bevölkerung betroffen, denn Neuwagen machen jährlich nur ca. 6% der Fahrzeugflotte aus. (Nivola & Crandall, 1995, S. 8)

Im Großen und Ganzen haben sich die Amerikaner bis heute erfolgreich gegen hohe Kraftstoffsteuern gewehrt. So macht in den USA die bestehende Kraftstoffsteuer nur 12,7% des Kraftstoffpreises aus, während es in vielen europäischen Ländern weit über 60% sind. (Energy Information Administration, 2007) Laut Nivola lässt sich dies vor allem auf den Einfluss von Interessengruppen, darunter Farmer, Autohersteller und Ölfirmen, zurückführen, die durch ihre starke Konzentration im mittleren Westen besonders im Senat starken Einfluss auf die Politik ausüben können. (Nivola & Crandall, 1995, S. 64)

Der CAFE-Standard stößt hingegen auf weniger Widerstand und konnte mit dem EISAct 2007 erfolgreich angehoben werden.

6. Fazit und Ausblick

Am Anfang dieser Untersuchung stand die Frage, welche Höhe eine Kraftstoffsteuer annehmen sollte, um die negativen Externalitäten des Kraftstoffkonsums zu internalisieren. Dazu wurde im 2. Kapitel der Studie zunächst die Theorie der Externalitäten diskutiert und Ölabhängigkeit und CO_2-Ausstoß als bedeutende Externalitäten des Kraftstoffverbrauchs identifiziert.

Anschließend folgte im 3. Kapitel die monetäre Bewertung der Schadenskosten dieser beiden Externalitäten. Dabei hat sich gezeigt, dass die Schadenskosten eine große Spannweite aufweisen, abhängig von den betrachteten Unsicherheiten, der Diskontrate, des Zeithorizonts, des *Equity Weighting*, aber auch der Ölintensität, dem Umfang der Ölimporte sowie Ausgangspunkt und Stärke einer Ölpreisveränderung. Letzten Endes konnten drei Schätzwerte für die Schadenskosten von CO_2-Ausstoß und Ölabhängigkeit bestimmt und in Dollar pro Gallone Kraftstoff umgerechnet werden. Der unterste Schätzwert betrug 33 Cent, der mittlere Schätzwert 74 Cent und der oberer Schätzwert 137 Cent pro Gallone Kraftstoff.

Der monetären Bewertung schlossen sich zwei Fragen direkt an: Welche Auswirkungen haben diese drei Schätzwerte auf Kraftstoffverbrauch und CO_2-Ausstoß im Transportsektor, wenn sie in Form einer Steuer auf den Kraftstoffpreis erhoben werden? Welche Auswirkungen sind von einer Erhöhung des CAFE-Standard zu erwarten, wie sie im *Energy Independence and Security Act* im Jahr 2007 festgelegt wurden?

Zur Beantwortung dieser Fragen wurde im 4. Kapitel dieser Studie eine quantitative Untersuchung vorgenommen. Dazu wurde ein hypothetischer Transportsektor für die Jahre 2010 bis 2020 konstruiert und im Rahmen von drei unterschiedlichen Szenarien bestimmte Annahmen bezüglich Anzahl der Fahrzeuge, Kraftstoffwirtschaftlichkeit und Nachfrageelastizität getroffen.

Im Basisszenario wurden der CAFE-Standard der Neuwagen, die Kraftstoff-wirtschaftlichkeit der Altwagen und der Kraftstoffpreis konstant gehalten. Die Simulation zeigte nur geringe Kraftstoff- und CO_2-Einsparungen bis 2020.

Ein ähnliches Ergebnis konnte im Steuerszenario mit einer Steuer in Höhe von 33 Cent ermittelt werden, die schrittweise bis 2020 auf einen konstanten Kraftstoffpreis aufgeschlagen wurde.

Beim Steuerszenario mit einer Steuer von 74 Cent konnten hingegen großzügige Reduzierungen des Kraftstoffverbrauches und CO_2-Ausstoßes realisiert werden. Ebenso verhielt es sich mit dem CAFE-Szenario, bei dem der CAFE-Standard bis 2020 auf 35,5 MPG angehoben wurde.

Im Steuerszenario mit 137 Cent Steuern konnten die größten CO_2- und Kraftstoffeinsparungen bis 2020 realisiert werden.

Die quantitative Untersuchung hat gezeigt, dass der Umfang des jeweiligen Steuerungsinstrumentes über den Erfolg hinsichtlich der Reduzierung des Kraftstoffverbrauchs und der CO_2-Emissionen bestimmt. Der in Kapitel 5 durchgeführte Vergleich zwischen CAFE-Standard und Kraftstoffsteuer machte jedoch deutlich, dass auch die öffentliche Meinung bei der Implementierung einer wirtschaftspolitischen Maßnahme eine große Rolle spielt. Es muss daher sowohl der Umfang als auch die politische Durchsetzungsfähigkeit bei der zukünftigen Wirtschaftspolitik im amerikanischen Transportsektor berücksichtigt werden:

Eine Steuer von 33 Cent pro Gallone führt zu keinen maßgeblichen Erfolgen hinsichtlich Kraftstoffkonsum und CO_2-Ausstoß. Darüber hinaus beinhaltet dieser untere Schätzwert nur die mit großer Sicherheit nachweisbaren Folgen der Ölabhängigkeit und des CO_2-Ausstoßes. Der tatsächliche Schadenswert liegt wahrscheinlich erheblich höher. Eine Steuer von 33 Cent pro Gallone wird daher nicht alle negativen externen Kosten internalisieren und somit nicht zu einer vollständigen Reduktion des Überkonsums führen. Unter der Prämisse, den Überkonsum abzubauen, kann daher eine Steuer von 33 Cent der amerikanischen Politik nicht empfohlen werden. Ebenso verhält es sich mit einem unveränderten CAFE-Standard, wie er im Basisszenario dargestellt wurde. Auch hier können nur moderate Reduzierungen des Kraftstoffverbrauchs und der CO_2-Emissionen herbeigeführt werden. Somit ist der amerikanischen Regierung sowohl von einer geringen Steuer als auch von einem konstanten CAFE-Standard als alleinstehende Maßnahme abzuraten.

Die größten Erfolge innerhalb der hier modellierten Szenarien kann eine Steuer in Höhe von 137 Cent pro Gallone verzeichnen. Es handelt sich hierbei um einen hohen Schätzwert, der alle maßgeblichen externen Kosten des Kraftstoffkonsums beinhaltet. Aktuell beträgt die bestehende Benzinsteuer in den USA im Durchschnitt 45,6 Cent. Bei einer zusätzlichen Kraftstoffsteuer von 137 Cent und einem Kraftstoffpreis von 280,6 Cent pro Gallone (inklusive bestehender Steuer) würde der Anteil der Kraftstoffsteuer am Preis von 16,3 auf 43,7% steigen – eine Verdreifachung. Es muss von einer breiten öffentlichen Ablehnung dieses Schrittes ausgegangen werden, so dass eine Steuer von 137 Cent zwar die gewünschte Internalisierung der externen Kosten herbeiführen kann, politisch aber nicht umsetzbar erscheint.

Eine Steuer von 74 würde den Anteil der Kraftstoffsteuer am Kraftstoffpreis von 16,3 auf 33,7% erhöhen – eine Verdopplung. Zwar wächst auch in der amerikanischen Öffentlichkeit das Bewusstsein für Umweltschutz und nachhaltigem Umgang mit knappen Ressourcen, doch kann immer noch von einer breiten öffentlichen Ablehnung einer solchen Steuererhöhung ausgegangen werden. Bei einer strikten Entweder-Oder-Lösung werden die Autofahrer den CAFE-Standard einer solchen Steuererhöhung vorziehen, denn wie das CAFE-Szenario gezeigt hat, führen beide Einzelmaßnahmen zu ähnlichen Ergebnissen hinsichtlich Kraftstoffverbrauch und CO_2-Ausstoß.

Der CAFE-Standard wird von der Bevölkerung klar bevorzugt. Er führt zu keiner Erhöhung des Kraftstoffpreises und somit zu keiner zusätzlichen finanziellen Belastung der Autofahrer. Zwar können durch den CAFE-Standard die Verkaufspreise für Neuwagen steigen, doch ist davon jährlich nur ein geringer Teil der Bevölkerung betroffen und es kann unter Umständen der höhere Verkaufspreis durch geringeren Kraftstoffverbrauch ausgeglichen werden. Darüber hinaus schränkt der CAFE-Standard die Mobilität der Kraftfahrer nicht ein. Dies wird als positiv empfunden. Aus politischer Sicht ist der CAFE-Standard daher jeder Steuer vorzuziehen. Aus ökonomischer Sicht hat jedoch der CAFE-Standard einen entscheidenden Nachteil: Es erfolgt eine fehlerhafte Internalisierung der negativen externen Kosten des Kraftstoffverbrauchs. Nicht die Emittenten der Externalitäten, die Autofahrer, sondern die Produzenten werden durch diese Regulierung beeinflusst. So wird durch den CAFE-Standard zwar weniger, nicht jedoch die sozial optimale Menge Kraftstoff konsumiert.

Als Fazit der vorliegenden Studie will ich folgende Empfehlung an die amerikanische Regierung aussprechen:

Auf Grund der öffentlichen Akzeptanz ist eine völlige Aufgabe des CAFE-Standard und die Einführung einer Steuer an seiner Stelle nicht sinnvoll. Gleichzeitig ist angesichts der fehlerhaften Internalisierung auch eine alleinige Fortführung des CAFE-Standard nicht zu empfehlen. Es gilt besonders eine Situation zu vermeiden, in der ein sehr hoher CAFE-Standard mit relativ günstigen Kraftstoffpreisen (infolge fehlender Steuer) einhergeht, da sonst der *Rebound*-Effekt besonders stark wirkt. Die verbesserte Kraftstoffwirtschaftlichkeit würde genutzt, um die Mobilität zu erhöhen. Kraftstoffeinsparungen ließen sich so nicht realisieren.

Ich schlage daher eine Kombination aus CAFE-Standard und Kraftstoffsteuer vor.

Als beste Kombination empfehle ich einen moderaten CAFE-Standard zuzüglich einer hohen Steuern, zumindest 74 Cent pro Gallone. Der CAFE-Standard würde dafür sorgen, dass die Kraftstoffwirtschaftlichkeit von Neuwagen nicht wieder abnimmt und sich die Kraftstoffwirtschaftlichkeit der gesamten Flotte langfristig verbessert. Die Steuer würde dafür sorgen, dass die negativen externen Kosten des Kraftstoffverbrauchs adäquat eingepreist werden und Überkonsum des Kraftstoffes reduziert wird. Auch würden auf diese Weise alle Verursacher der negativen Externalitäten erfasst.

Wechselseitig positive Effekte kämen hinzu: Bei steigender Kraftstoffwirtschaftlichkeit würde der Widerstand gegen eine hohe Steuer schwinden. Besitzern von Neuwagen wäre es möglich, die gestiegene steuerliche Belastung durch geringeren Kraftstoffverbrauch teilweise auszugleichen. Durch die Steuer würde die Nachfrage nach kraftstoffeffizienten Fahrzeugen steigen, wodurch sich die Fahrzeugflotte noch schneller mit höherer Kraftstoffwirtschaftlichkeit erneuern würde. Ebenso würde die Steuer dafür sorgen, dass es beim CAFE-Standard zu keinem *Rebound*-Effekt kommt. Darüber hinaus könnte bei komplementärer Anwendung von CAFE-Standard und Steuer eine Reduzierung des Kraftstoffverbrauchs und CO_2-Ausstoßes erzielt werden, ohne die Mobilität maßgeblich einschränken zu müssen.

Als zweitbeste Lösung empfehle ich eine Kombination aus hohem CAFE-Standard und einer niedrigen Steuer, die mindestens 33 Cent pro Gallone betragen sollte. Der hohe CAFE-Standard würde zu einer zügigeren Verbesserung der Kraftstoffwirtschaftlichkeit der Gesamtflotte führen als dies bei einer moderaten Erhöhung des CAFE-Standard der Fall wäre. Die Steuer würde zu keinen maßgeblichen Kraftstoffreduzierungen beitragen, könnte aber zumindest den *Rebound*-Effekt aufhalten. Diese Variante ist zwar politisch leichter umsetzbar, doch belastet sie die Verursacher der negativen Externalitäten des Kraftstoffverbrauchs nur geringfügig, während die Produzenten stark in ihrem Handlungsspielraum eingeschränkt und Marktverzerrungen in Kauf genommen werden.

Grundsätzlich gilt: Der CAFE-Standard ist dann am sinnvollsten, wenn er von einer Erhöhung der Kraftstoffsteuer begleitet wird.

Für eine Kombination aus CAFE-Standard und Steuer spricht auch die Tatsache, dass der Transportsektor nicht der alleinige Kraftstoff- bzw. Ölkonsument der USA ist. Die alleinige Anwendung des CAFE-Standards wird keine Einschränkungen des Ölkonsums in anderen Sektoren oder Industrien herbeiführen.

Eine Steuer, die der Internalisierung der Externalitäten Ölabhängigkeit und CO_2-Ausstoß dient, muss nicht auf den Transportsektor beschränkt bleiben. Sie kann auf alle Ölprodukte angewandt werden, die in der amerikanischen Volkswirtschaft genutzt werden. Auf diese Weise können alle Ölkonsumenten, auch diejenigen außerhalb des Transportsektors, angehalten werden, den Konsum von Ölprodukten einzuschränken. Somit würde eine Kombination aus CAFE-Standard und Steuer nicht nur den Transportsektor, sondern die gesamte amerikanische Volkswirtschaft auf eine Zukunft mit begrenzter Verfügbarkeit von Rohöl vorbereiten. Die Auswirkungen der Erderwärmung könnten gemildert und die Folgen von Ölabhängigkeit auf die wirtschaftliche Leistungsfähigkeit reduziert werden.

Unter der politischen Führung Präsident Obamas rückt eine solche Energie- und Umweltpolitik tatsächlich in den Bereich des Möglichen. Noch unter Präsident G.W. Bush war eine Ausweitung der amerikanischen Ölförderung und somit günstige Öl- und Kraftstoffpreise ein Kernpunkt der amerikanischen Energie- und Umweltpolitik. Präsident Obama setzt hingegen auf Diversifikation.

Zum einen hat er bereits gefordert, die Erhöhung des CAFE-Standard schneller voran zu treiben, als es der EISAct vorschreibt. Zum anderen sollen auch erneuerbare Energien im Transportsektor eingesetzt werden, um die Abhängigkeit von Öl weiter zu reduzieren.

Obamas Vorhaben gehen auch über den Transportsektor hinaus. So sollen Forschung und Entwicklung erneuerbarer Energie in größerem Umfang staatlich gefördert werden. Allein im *American Recovery and Reinvestment Act* wurden rund 60 Milliarden Dollar für die Förderung erneuerbarer Energien veranschlagt. (The White House, 2009)

> "Now America has arrived at a crossroads. Embedded in American soil and the wind and the sun, we have the resources to change. […, GH] For the sake of our security, our economy and our planet, we must have the courage and commitment to change." (Obama, 2009b)

Die aktuelle Wirtschaft-und Finanzkrise kann dabei für die Zukunft der amerikanischen Energie- und Umweltpolitik sowohl eine Chance als auch ein Risiko darstellen:
Die amerikanischen Autohersteller, die von der Krise schwer betroffen sind, können politischen Druck ausüben, den CAFE-Standard auszusetzen. Dies könnte bereits erzielte Kraftstoffeinsparungen in wenigen Jahren zu Nichte machen. Gleichzeitig kann aber auch die Neuorientierung der Unternehmen in der Krise eine Möglichkeit sein, zukunftsfähige Fahrzeuge mit geringem Kraftstoffverbrauch zu entwickeln und somit wieder konkurrenzfähig zu werden.

> "[…] we must ensure that the fuel-efficient cars of tomorrow are built right here in the United States of America. Increasing fuel efficiency […, GH] will also help spark the innovation needed to ensure that our auto industry keeps pace with competitors around the world." (Obama, 2009b)

Auch die Umsetzung einer maßgeblich höheren Steuer ist bei schlechter wirtschaftlicher Lage und hoher Arbeitslosigkeit der Öffentlichkeit nur schwer zu vermitteln. Dennoch wäre es gerade in der jetzigen Krisenzeit angebracht, die Ölabhängigkeit so schnell und so drastisch wie möglich zu senken, denn: tritt die Weltwirtschaft wieder in eine Aufschwungphase ein und steigt die Nachfrage nach

Erdöl, z.B. aus China, so kann es zu einem externen Nachfrageschock kommen. Die nächste Krise für die amerikanische Wirtschaft wäre vorprogrammiert. Werden jedoch schon jetzt langsame Steuererhöhungen implementiert, so können die Verbraucher den zukünftigen Verlauf der Kraftstoffpreise besser antizipieren. Die Anfälligkeit für Ölpreisschocks ließe sich reduzieren und beginnend mit dem nächsten Aufschwung könnte ein veränderter Umgang mit dem knappen Rohstoff Öl die Grundlage für ein positives, nachhaltiges Wachstum sein.

Präsident Obama macht Hoffnung darauf, dass ein Wandel in der amerikanischen Energie- und Umweltpolitik kurz bevor steht, auch in aktuell schwierigen Zeiten:

> "We will not be put off from action because action is hard. Now is the time to make the tough choices. Now is the time to meet the challenge at this crossroad of history by choosing a future that is safer for our country, prosperous for our planet, and sustainable."(Obama, 2009b)

Literaturverzeichnis

Albright, M., & et al. (2006). *Energy Security in the 21st Century. A New National Strategy*. Washington D.C.: Center for American Progress, National Security Task Force on Energy. Abgerufen November 2, 2008, von http://www.americanprogress.org/kf/energy_security_report.pdf.

American Petroleum Institute. (2009). *Motor Gasoline Taxes as of April 2009*. State Gasoline Tax Reports, Washington D.C.: American Petroleum Institute. Abgerufen Mai 11, 2009, von http://www.api.org/statistics/fueltaxes/.

Anthoff, D., Butterfield, R., Ceronsky, M., Downing, T. E., Grubb, M., Guo, J., u. a. (2005). *Social Cost of Carbon. A Closer Look at Uncertainty*. Final Project Report, London: Department for Environment, Food and Rural Affairs. Abgerufen Mai 20, 2009, von http://www.defra.gov.uk/environment/climatechange/research/carboncost/sei-scc.htm.

Anthoff, D., Hepburn, C., & Tol, R. S. J. (2006). *Equity Weighting and the Marginal Damage Costs of Climate Change*. Working Paper FNU-212, Hamburg: Universität Hamburg, Forschungsstelle Nachhaltige Umweltentwicklung. Abgerufen März 2, 2009, von http://ideas.repec.org/p/sgc/wpaper/121.html.

Anthoff, D., Tol, R. S. J., & Yohe, G. W. (2009). Discounting for Climate Change. *Economics - The Open-Access, Open-Assessment E-Journal, 3*(2009-24). Abgerufen Juni 28, 2009, von http://www.economics-ejournal.org/economics/journalarticles/2009-24.

Auer, J. (2005). *Die neue Energiepolitik der USA. Nicht mehr als ein Anfang*. Frankfurt am Main: Deutsche Bank Research. Abgerufen November 2, 2008, von http://www.dbresearch.de/PROD/DBR_INTERNET_EN-PROD/PROD0000000000194790.pdf.

Austin, D. (2008). *Climate-Change Policy and Co2 Emissions from Passenger Vehicles.* Economic and Budget Issue Brief. Washington D.C.: Congress of the United States. Abgerufen Februar 6, 2009, von http://www.cbo.gov/ftpdocs/98xx/doc9830/10-06-ClimateChange_Brief.pdf.

Austin, D., & Dinan, T. (2002). *Reducing Gasoline Consumption: Three Policy Options.* A CBO Study, Washington D.C.: Congress of the United States. Abgerufen November 3, 2008, von http://www.cbo.gov/doc.cfm?index=3991.

Austin, D., & Dinan, T. (2004). *Fuel Economy Standards Versus a Gasoline Tax.* Economic and Budget Issue Brief, Washington D.C.: Congress of the United States. Abgerufen November 2, 2008, von http://www.cbo.gov/ftpdocs/51xx/doc5159/03-09-CAFEbrief.pdf.

Austin, D., & Dinan, T. (2005). Clearing the Air: The Costs and Consequences of Higher CAFE Standards and Increased Gasoline Taxes. *Journal of Environmental Economics and Management, 50*(3), 562-582.

Bamberger, R., & Yacobucci, B. (2008). *Automobile and Light Truck Fuel Economy. The CAFE Standard.* CRS Report for Congress, Washington D.C.: Congress of the United States. Abgerufen November 2, 2008, von http://assets.opencrs.com/rpts/RL33413_20080507.pdf.

Baumol, W. J., & Blinder, A. S. (1985). *Economics. Principles and Policy* (3. Aufl.). San Diego.

Bickel, P., & Friedrich, R. (1995). *Was kostet uns die Mobilität? Externe Kosten des Verkehrs.* Heidelberg.

Borenstein, S. (2008). *Cost, Conflict and Climate: U.S. Challenges in the World Oil Market.* Center for the Study of Energy Markets Working Paper Nr. 177. Berkeley: University of California. Abgerufen Februar 6, 2009, von http://repositories.cdlib.org/cgi/viewcontent.cgi?article=1080&context=ucei/csem.

Braml, J. (2008). Amerikas Neue Energie. Energieaußenpolitik der USA nach Bush. *Internationale Politik und Gesellschaft, 2/2008*, 140-156.

Brander, L., Kuik, O., & Tol, R. S. J. (2009). *Marginal Abatement Costs of Greenhouse Gas Emissions. A Meta-Analysis* (S. 1395-1403). Working Paper, Dublin: The Economic and Social Research Institute. Abgerufen Mai 18, 2009, von http://www.esri.ie/UserFiles/publications/20080616111442/WP248.pdf.

Bureau of Labor Statistics. (2009). *Consumer Price Index - All Urban Consumers (CPI-U)*. Washington D.C.: U.S. Department of Labor. Abgerufen Juni 30, 2009, von ftp://ftp.bls.gov/pub/special.requests/cpi/cpiai.txt.

Bureau of Transportation Statistics. (2009a). *Table 1-11 Number of U.S. Aircraft, Vehicles, Vessels, and Other Conveyances*. National Transportation Statistics 2009. Washington D.C.: U.S. Department of Transportation. Abgerufen Mai 12, 2009, von http://www.bts.gov/publications/national_transportation_statistics/.

Bureau of Transportation Statistics. (2009b). *Table 1-20 Period Sales, Market Shares, and Sales-Weighted Fuel Economies of New Domestic and Imported Light Trucks*. National Transportation Statistics 2009, Washington D.C.: U.S. Department of Transportation. Abgerufen Juli 17, 2009, von http://www.bts.gov/publications/national_transportation_statistics/.

Chemielexikon. (2009, April 28). *Chemie.de*. Abgerufen August 12, 2009, von http://www.chemie.de/lexikon/d/.

Clarkson, R., & Deyes, K. (2002). *Estimating the Social Cost of Carbon Emissions*. Government Economic Service, London: Department of Environment, Food and Rural Affairs. Abgerufen Juni 22, 2009, von http://www.hm-treasury.gov.uk/d/SCC.pdf.

Clerides, S., & Zachariadis, T. (2008). The Effect of Standards and Fuel Prices on Automobile Fuel Economy: An International Analysis. *Energy Economics*, *30*(5), 2657-2672.

Crandall, R. W. (1992). Policy Watch: Corporate Average Fuel Economy Standards. *Journal of Economic Perspectives*, *6*(2), 171-80.

Deutch, J., Schlesinger, J., & David Victor. (2006). *National Security Consequences of U.S. Oil Dependency*. Independent Task Force Report No. 58. New York: Council on Foreign Relations. Abgerufen November 2, 2008, von http://www.cfr.org/content/publications/attachments/EnergyTFR.pdf.

Dirmoser, D. (2007). *Energiesicherheit. Neue Knappheiten, das Wiederauflegen des Ressourcennationalismus und die Aussichten für multilaterale Ansätze*. Kompass 2020. Berlin: Friedrich Ebert Stiftung. Abgerufen November 4, 2008, von http://library.fes.de/pdf-files/iez/04802.pdf.

Dobes, L. (1998). *Externalities in the Transport Sector*. Canberra: Bureau of Transport Economics. Abgerufen Februar 6, 2009, von http://www.bitre.gov.au/publications/32/Files/ISO10.pdf.

Downing, T. E., & Watkiss, P. (2008). The Social Cost of Carbon: Valuation Estimates and Their Use in UK Policy. *The Integrated Assessment Journal*, 8(1), 85-105.

Energy Information Administration. (2007). *OECD Unleades Gasoline Prices and Taxes, Second Quarter 2007*. Energy Prices and Taxes. Washington D.C.: U.S. Department of Energy. Abgerufen Juli 27, 2009, von http://www.iea.org/Textbase/nptable/2007/Switzerland_f12.pdf.

Energy Information Administration. (2008a). *CO2 History from 1949. Historical Data Series. Energy-Related Carbon Dioxide Emissions from the Residential and Commercial Sectors, by Fuel Type, 1949-2007*. U.S. Emissions Data. Washington D.C.: U.S. Department of Energy. Abgerufen März 11, 2009, von http://www.eia.doe.gov/environment.html.

Energy Information Administration. (2008b). *Table H.1co2 World Carbon Dioxide Emissions from the Consumption and Flaring of Fossil Fuels, 1980-2006*. International Energy Annual 2006. Washington D.C.: U.S. Department of Energy. Abgerufen März 11, 2009, von http://www.eia.doe.gov/iea/carbon.html.

Energy Information Administration. (2008c). *Table 5.13a-5.13d Estimated Petroleum Consumption*. Annual Energy Review 2008. Washington D.C.: U.S. Department of Energy. Abgerufen Dezember 15, 2008, von http://www.eia.doe.gov/emeu/aer/pdf/aer.pdf.

Energy Information Administration EIA. (2009a). *Table V1. Estimated Number of Alternative Fueled Vehicles in Use in the United States, by Fuel Type, 2003 - 2007*. Alternatives to Traditional Transportation Fuels 2007. Washington D.C.: U.S. Department of Energy. Abgerufen Juli 27, 2009, von http://www.eia.doe.gov/cneaf/alternate/page/atftables/afv_atf.html#inuse.

Energy Information Administration EIA. (2009b). *Table 2.4 World Petroleum Oil Demand 2004-2008*. International Petroleum Monthly. Washington D.C.: U.S. Department of Energy. Abgerufen Mai 11, 2009, von www.eia.doe.gov/emeu/ipsr/t24.xls.

Energy Information Administration EIA. (2009c). *Table 2.8 Motor Vehicle Mileage, Fuel Consumption, and Fuel Rates, Selected Years 1949-2006*. Annual Energy Review 2008. Washington D.C.: U.S. Department of Energy. Abgerufen Mai 13, 2009, von http://www.eia.doe.gov/emeu/aer/pdf/aer.pdf.

Energy Information Administration EIA. (2009d). *Table 3.3a Petroleum Trade*. Monthly Energy Review August 2009, Washington D.C.: U.S. Department of Energy. Abgerufen Juli 6, 2009, von http://www.eia.doe.gov/mer/pdf/mer.pdf.

Energy Information Administration EIA. (2009e). *Table 3.1 Petroleum Overview*. Monthly Energy Review August 2009, Washington D.C.: U.S. Department of Energy. Abgerufen von http://www.eia.doe.gov/mer/pdf/mer.pdf.

Energy Information Administration EIA. (2009f). *U.S. Crude Oil Field Production*. Petroleum Navigator. Washington D.C.: U.S. Department of Energy. Abgerufen April 29, 2009, von http://tonto.eia.doe.gov/dnav/pet/hist/mcrfpus1m.htm.

Energy Information Administration EIA. (2009g). *U.S. Total Crude Oil and Petroleum Products Product Supplied*. Petroleum Navigator. Elektronisches Dokument, U.S. Department of Energy. Abgerufen April 29, 2009, von http://tonto.eia.doe.gov/dnav/pet/hist/mttupus1m.htm.

Energy Information Administration EIA. (2009h). *Table 9.4. Motor Gasoline Retail Prices, U.S. City Average*. Monthly Energy Review August 2009, Washington D.C.: U.S. Department of Energy. Abgerufen von http://www.eia.doe.gov/mer/pdf/mer.pdf.

Energy Information Administration EIA. (2009i). *Figure 31. Energy Expenditures as a Share of Gross Domestic Product, 1970-2030*. Annual Energy Outlook 2009. Washington D.C.: U.S. Department of Energy. Abgerufen Juli 2, 2009, von http://www.eia.doe.gov/oiaf/aeo/graphic_data.html.

Energy Information Administration EIA. (2009j). *Real Gasoline Pump Price: Annual Average 1919-2010*. Short-Term Energy Outlook, Washington D.C.: U.S. Department of Energy. Abgerufen Juli 23, 2009, von http://www.eia.doe.gov/emeu/steo/pub/fsheets/real_prices.html.

Eskeland, G., & Mideksa, T. (2008). *Transportation Fuel Use, Technology and Standards. The Role of Credibility and Expectations*. Policy Research Working Paper Nr. 4695, The World Bank. Abgerufen November 17, 2008, von http://www.ingentaconnect.com/content/wb/wps4301/2008/00000001/0000 0001/art04695.

Eyre, N., Downing, T. E., Hoekstra, R., & Rennings, K. (1999). *Global Warming Damages*. Global Warming. ExterneE - Externalities of Energy, Luxemburg: Europäische Kommission.

Federal Highway Administration. (2008). *Figure 6.2 Highway Trust Fund Receipts 1970-2006*. Our Nation's Highways 2008. Washington D.C.: U.S. Department of Transportation. Abgerufen Mai 12, 2009, von http://www.fhwa.dot.gov/policyinformation/pubs/pl08021/fig6_2.cfm.

Forschungsstelle Nachhaltige Umweltentwicklung, Universität Hamburg. (2009). FUND. Elektronisches Dokument, . Abgerufen Juni 24, 2009, von http://www.mi.uni-hamburg.de/FUND.5679.0.html.

Fritsch, M., Wein, T., & Ewers, H. (2005). *Marktversagen und Wirtschaftspolitik. Mikroökonomische Grundlagen staatlichen Handelns*. Vahlens Handbücher der Wirtschafts- und Sozialwissenschaften (6. Aufl., S. 449). München: Vahlen.

Gerard, D., & Lave, L. (2003). *The Economics of CAFE Reconsidered: A Response to CAFE Critics and a Case for Fuel Economy Standards*. Regulatory Analysis, Washington D.C.: AEI-Brookings Joint Center for Regulatory Studies. Abgerufen November 12, 2008, von http://aei-brookings.org/admin/authorpdfs/redirect-safely.php?fname=../pdffiles/phpAo.pdf.

Goulder, L. H., & Pizer, W. A. (2006). *The Economics of Climate Change*. Discussion Paper 06-06, Washington D.C.: Resources for the Future. Abgerufen Mai 20, 2009, von http://www.rff.org/documents/RFF-DP-06-06.pdf.

Greene, D. L. (1998). Why Cafe Worked. *Energy Policy, 26*(8), 595-614.

Greene, D. L., & Ahmad, S. (2005). *Costs of U.S. Oil Dependence: 2005 Update*. Oak Ridge, Tennessee: Oak Ridge National Laboratory. Abgerufen Juli 2, 2009, von http://cta.ornl.gov/cta/Publications/Reports/ORNL_TM2005_45.pdf.

Greene, D. L., & Jones, D. W. (1995). *The Outlook for U.S. Oil Dependence*. Oak Ridge, Tennessee: Oak Ridge National Laboratory. Abgerufen Juli 1, 2009, von http://pzl1.ed.ornl.gov/Ornl6873.pdf.

Haughton, J., & Sarkar, S. (1996). Gasoline Tax as a Corrective Tax: Estimates for the United States, 1970-1991. *The Energy Journal*, *17*(2), 103-126.

Hughes, J. E., Knittel, C. R., & Sperling, D. (2007). *Evidence of a Shift in the Short-Run Price Elasticity of Gasoline Demand*. Working Paper CSEMWP-159, Davis, Kalifornien: University of California, Center for the Study of Energy Markets. Abgerufen Februar 7, 2009, von http://repositories.cdlib.org/ucei/csem/CSEMWP-159/.

Hummel, M. E. (1999). *Zeitpräferenz in der Ökonomie - eine kritische Bestandsaufnahme*. Working Paper, Darmstadt: IANUS - Technische Universität Darmstadt.

Huntington, H. G. (2005). *The Economic Consequences of Higher Crude Oil Prices*. EMF SR, Stanford, Kalifornien: Stanford University, Energy Modeling Forum. Abgerufen Juli 1, 2009, von http://emf.stanford.edu/files/pubs/22457/EMFSR9.pdf.

Intergovernmental Panel on Climate Change. (2007). *Climate Change 2007. Synthesis Report*. Valencia, Spanien: Intergovernmental Panel on Climate Change. Abgerufen Mai 17, 2009, von http://www.ipcc.ch/ipccreports/ar4-syr.htm.

Kleinewefers, H. (2008). *Einführung in die Wohlfahrtsökonomie: Theorie - Anwendung - Kritik*. Stuttgart: Kohlhammer.

Kleit, A. N. (2002a). CAFE Changes, By the Numbers. *Regulation*, *25*(3), 32-35.

Kleit, A. N. (2002b). *Short- and Long-Range Impacts of Increases in the Corporate Average Fuel Economy (CAFE) Standard*. Washington D.C.: Competitive Enterprise Institute. Abgerufen November 6, 2008, von http://cei.org/pdf/2398.pdf.

Krewitt, W. (2007). Die externen Kosten der Stromerzeugung aus erneuerbaren Energien im Vergleich zur fossilen Stromerzeugung. *UWSF-Z Umweltchem Ökotox, 19*(3), 144-151.

Krewitt, W., & Schlomann, B. (2006). *Externe Kosten der Stromerzeugung aus erneuerbaren Energien im Vergleich zur Stromerzeugung aus fossilen Energieträgern.* Gutachten im Rahmen von Beratungsleistungen für das Bundesministerium für Umwelt, Naturschutz und Reaktorsicherheit, Deutsches Zentrum für Luft- und Raumfahrt; Fraunhofer Institut für System- und Innovationsforschung. Abgerufen Juni 27, 2009, von http://www.erneuerbare-energien.de/files/erneuerbare_energien/downloads/application/pdf/ee_kosten_stromerzeugung.pdf.

Kwoka, J. E. (1983). The Limits of Market-Oriented Regulatory Techniques: The Case of Automotive Fuel Economy. *The Quarterly Journal of Economics, 98*(4), 695-704.

Leiby, Jones, D. W., Lee, R., & Curlee, T. R. (1997). *Oil Imports. An Assessment of Benefits and Costs.* Oak Ridge, Tennessee: Oak Ridge National Laboratory.

Leiby, P. (2007). *Estimating the Energy Security Benefits of Reduced U.S. Oil Imports.* Oak Ridge, Tennessee: Oak Ridge National Laboratory.

Maibach, M., Schreyer, C., Sutter, D., van Essen, H.P., Boon, B., Schroten, A., u. a. (2008). *Handbook on Estimation of External Costs in the Transport Sector.* Internalisation Measures and Policies for All External Cost of Transport (IMPACT). Delft: Europäische Kommission. Abgerufen Januar 17, 2009, von http://ec.europa.eu/transport/sustainable/2008_external_costs_en.htm.

Munday, S. (2000). *Markets and Market Failure.* Studies in Economics and Business. Oxford: Heinemann.

National Highway Traffic Safety Administration. (2008). *Trafic Safety Facts. 2006 Data.* Washington D.C.: U.S. Department of Transportation. Abgerufen November 6, 2008, von http://www.nhtsa.dot.gov/.

National Highway Traffic Safety Administration. (2009a). Summary of CAFE Fines Collected. Abgerufen November 6, 2008, von http://www.nhtsa.dot.gov/portal/nhtsa_static_file_downloader.jsp?file=/staticfiles/DOT/NHTSA/Rulemaking/Articles/Associated%20Files/CAFE_Fines.pdf.

National Highway Traffic Safety Administration. (2009b). *Summary of Fuel Economy Performance*. Washington D.C.: U.S. Department of Transportation. Abgerufen November 3, 2008, von http://www.nhtsa.dot.gov/portal/nhtsa_static_file_downloader.jsp?file=/static files/DOT/NHTSA/Rulemaking/Articles/Associated%20Files/March_2008_CAFE _Summary.pdf.

National Highway Traffic Safety Administration. (o. J.). CAFE Overview. Abgerufen November 6, 2008, von http://www.nhtsa.dot.gov/CARS/rules/CAFE/overview.htm.

National Research Council. (2002). *Effectiveness and Impact of Corporate Average Fuel Economy (CAFE) Standards*. Washington D.C.: National Academy Press.

Nivola, V. P. S., & Crandall, R. W. (1995). *The Extra Mile. Rethinking Energy Policy for Automotive Transportation*. Washington D.C.: The Brookings Institution.

Obama, B. (2009a, Mai 19). Remarks by the President on National Fuel Efficiency Standards. Washington D.C.: The White House. Abgerufen August 18, 2009, von http://www.whitehouse.gov/the_press_office/Remarks-by-the-President-on-national-fuel-efficiency-standards/.

Obama, B. (2009b, Januar 26). Remarks by the President on Jobs, Energy Independence, and Climate Change. The White House. Abgerufen August 18, 2009, von http://www.whitehouse.gov/blog_post/Fromperiltoprogress/.

Office of Transportation and Air Quality. (2005). *Emission Facts. Average Carbon Dioxide Emissions Resulting from Gasoline and Diesel Fuel*. Washington D.C.: U.S. Environmental Protection Agency. Abgerufen Februar 27, 2009, von http://www.epa.gov/oms/climate/420f05001.htm.

Onoda, T. (2008). *Review of Internation Policies for Vehicle Fuel Efficiency. In Support of the G8 Plan of Action*. IEA Information Paper, Paris: OECD/IEA. Abgerufen November 6, 2008, von http://www.iea.org/textbase/papers/2008/Vehicle_Fuel.pdf.

Parry, I., & Darmstadter, J. (2003). *The Costs of U.S. Oil Dependency*. Discussion Paper, Washington D.C.: Resources for the Future. Abgerufen Februar 27, 2009, von http://ideas.repec.org/p/rff/dpaper/dp-03-59.html.

Parry, I. W., Walls, M., & Harrington, W. (2007). *Automobile Externalities and Policies*. Discussion Paper, Washington D.C.: Resources for the Future. Abgerufen November 14, 2008, von http://ideas.repec.org/p/rff/dpaper/dp-06-26.html.

Pew Research Center. (2008). *Ethanol Research Loses Ground, Continued Division on ANWR. Public Sends Mixed Signals on Energy Policy*. News Release, Washington D.C.: Pew Research Center for the People and the Press.

Portney, P. R., Parry, I. W. H., Gruenspecht, H. K., & Winston Harrington. (2003). Policy Watch: The Economics of Fuel Economy Standards. *The Journal of Economic Perspectives, 17*(4), 203-217.

Price, R., Thornton, S., & Nelson, S. (2007). *The Social Cost of Carbon and the Shadow Price of Carbon. What they are, and how to use them in Economic Appraisel in the UK*. London: Department for Environment, Food and Rural Affairs. Abgerufen Mai 20, 2009, von http://www.defra.gov.uk/environment/climatechange/research/carboncost/pdf/background.pdf.

Schrank, D., & Lomax, T. (2005). *The 2005 Urban Mobility Report*. Texas: Texas Transportation Institute. Abgerufen Januar 8, 2009, von http://tti.tamu.edu/documents/ums/mobility_report_2005_wappx.pdf.

Siggerud, K. (2006). *Highway Trust Fund. Overview of Highway Trust Fund Estimates*. Testimony Before the Subcommittee on Highways, Transit, and Pipelines, Committee on Transportation and Infrastructure, U.S. House of Representatives, Washington D.C.: Government Accountability Office. Abgerufen Januar 28, 2009, von http://www.gao.gov/new.items/d06572t.pdf.

Stern, N. H. (2007). *The Economics of Climate Change. The Stern Review* (Reprint.). Cambridge [u.a.]: Cambridge Univ. Press. Abgerufen Mai 21, 2009, von http://www.hm-treasury.gov.uk/stern_review_report.htm.

Talley, L. A. (2000). *The Federal Excise Tax on Gasoline and the Highway Trust Fund. A Short History*. CRS Report for Congress, Washington D.C.: National Council for Science and the Environment. Abgerufen Mai 12, 2009, von http://ncseonline.org/nle/crsreports/transportation/trans-24.cfm.

The White House. (2009). Energy and Environment. Abgerufen August 29, 2009, von http://www.whitehouse.gov/issues/energy_and_environment/.

Tol, R. S. J. (2005). The Marginal Damage Costs of Carbon Dioxide Emissions: An Assessment of the Uncertainties. *Energy Policy*, *33*(16), 2064-2074.

U.S. Census Bureau. (2008). *Table 1. Projections of the Population and Components of Change for the United States: 2010 to 2050* . National Population Projections. Washington D.C.: U.S. Census Bureau. Abgerufen August 20, 2009, von http://www.census.gov/population/www/projections/summarytables.html.

U.S. Census Bureau. (o. J.). *Table P-1. CPS Population and Per Capita Money Income, All Races: 1967-2007*. Historical Income Tables - People. Washington D.C.: U.S. Department of Commerce. Abgerufen Juli 31, 2009, von http://www.census.gov/hhes/www/income/histinc/p01AR.html.

U.S. Kongress. (2007). *Energy Independence and Security Act of 2007*. Goverment Printing Office. Abgerufen von http://www.gpoaccess.gov/plaws/110publ.html.

Weitzman, M. L. (1998). Why the Far-Distant Future Should be Discounted at its Lowest Possible Rate. *Journal of Environmental Economics and Management*, *36* (Artikel Nr. EE981052), 201-208.

Yacobucci, B. D. (2003). *Sport Utility Vehicles, Mini-Vans, and Light Trucks: An Overview of Fuel Economy and Emission Standards*. CRS Report for Congress, Washington D.C.: Congressional Research Service. Abgerufen Dezember 18, 2008, von http://www.ncseonline.org/nle/crsreports/03May/RS20298.pdf.

Anhang

Anhang A: Basisszenario

A1

Jahr	Durchschnittlich gefahrene Meilen pro Jahr[15]	MPG Altwagen-flotte[16]	MPG PKW Neuwagen[17]	MPG KLW Neuwagen	Durchschnittlicher Kraftstoffverbrauch pro Fahrzeug Altwagenflotte, in Gallonen	Durchschnittlicher Kraftstoffverbrauch pro PKW der Neuwagenflotte, in Gallonen	Durchschnittlicher Kraftstoffverbrauch pro KLW der Neuwagenflotte, in Gallonen
Berechnung	A_i	B_i	C_i	D_i	$E_i=A_i/B_i$	$F_i=A_i/C_i$	$G_i=A_i/D_i$
2010	12.016	17,2	27,5	22,5	698,60	436,95	534,04
2011	12.016	17,2	27,5	22,5	698,60	436,95	534,04
2012	12.016	17,2	27,5	22,5	698,60	436,95	534,04
2013	12.016	17,2	27,5	22,5	698,60	436,95	534,04
2014	12.016	17,2	27,5	22,5	698,60	436,95	534,04
2015	12.016	17,2	27,5	22,5	698,60	436,95	534,04
2016	12.016	17,2	27,5	22,5	698,60	436,95	534,04
2017	12.016	17,2	27,5	22,5	698,60	436,95	534,04
2018	12.016	17,2	27,5	22,5	698,60	436,95	534,04
2019	12.016	17,2	27,5	22,5	698,60	436,95	534,04
2020	12.016	17,2	27,5	22,5	698,60	436,95	534,04

[15] Quelle: (Energy Information Administration EIA, 2009c)
[16] Quelle: (Energy Information Administration EIA, 2009c)
[17] Quelle: (National Highway Traffic Safety Administration, 2009b)

A2

Jahr	Registrierte Kraftfahrzeuge[18]	Fahrzeuge der Neuwagenflotte ingesamt	Fahrzeuge der PKW Neuwagenflotte	Fahrzeuge der KLW Neuwagenflotte	Akkumulierte Neuwagenflotte	Fahrzeuge der Altwagenflotte
Berechnung	H_i	$I_i=H_i*0,06$	$J_i=I_i*0,5$	$K_i=I_i*0,5$	$L_i=Summe(I_1:I_i)$	$M_i=H_i-L_i$
2010	263.698.050	15.821.883	7.910.942	7.910.942	15.821.883	247.876.167
2011	266.247.200	15.974.832	7.987.416	7.987.416	31.796.715	234.450.485
2012	286.826.100	16.129.566	8.064.783	8.064.783	47.926.281	220.899.819
2013	271.430.500	16.285.830	8.142.915	8.142.915	64.212.111	207.218.389
2014	274.059.550	16.443.573	8.221.787	8.221.787	80.655.684	193.403.866
2015	276.709.000	16.602.540	8.301.270	8.301.270	97.258.224	179.450.776
2016	279.376.300	16.762.578	8.381.289	8.381.289	114.020.802	165.355.498
2017	282.058.050	16.923.483	8.461.742	8.461.742	130.944.285	151.113.765
2018	284.754.250	17.085.255	8.542.628	8.542.628	148.029.540	136.724.710
2019	287.461.500	17.247.690	8.623.845	8.623.845	165.277.230	122.184.270
2020	290.178.950	17.410.737	8.705.369	8.705.369	182.687.967	107.490.983

[18] Eigene Projektion beruhend auf der Bevölkerungsentwicklung prognostiziert von (U.S. Census Bureau, 2008)

A3

Jahr	Kraftstoffverbrauch der Altwagenflotte, in Gallonen	Kraftstoffverbrauch PKW Neuwagen, in Gallonen	Kraftstoffverbrauch KLW Neuwagen, in Gallonen	Kraftstoffverbrauch der gesamten Fahrzeugflotte, in Gallonen	CO2-Ausstoß der gesamten Fahrzeugflotte, in Tonnen
Berechnung	$N_i=E_i*M_i$	$O_i=F_i*J_i$	$P_i=G_i*K_i$	$Q_i=N_i+$ SUMME$(O_1:O_i)+$ SUMME$(P_1:P_i)$	$R_i=Q_i*0,0088$
2010	173.167.443.179	3.456.649.930	4.224.794.358	180.848.887.467	1.591.470.210
2011	163.788.199.288	3.490.065.115	4.265.635.140	179.225.343.831	1.577.183.026
2012	154.321.640.994	3.523.870.274	4.306.952.557	177.589.608.368	1.562.788.554
2013	144.763.730.362	3.558.009.696	4.348.678.517	175.938.385.949	1.548.257.796
2014	135.112.840.340	3.592.472.239	4.390.799.404	174.270.767.571	1.533.582.755
2015	125.365.146.768	3.627.202.193	4.433.247.125	172.583.523.317	1.518.735.005
2016	115.518.119.998	3.662.166.132	4.475.980.828	170.874.643.507	1.503.696.863
2017	105.568.779.084	3.697.319.486	4.518.946.038	169.141.568.116	1.488.445.799
2018	95.516.518.335	3.732.662.256	4.562.142.757	167.384.112.381	1.472.980.189
2019	85.358.499.321	3.768.149.873	4.605.516.512	165.599.759.752	1.457.277.886
2020	75.093.700.682	3.803.771.196	4.649.053.684	163.787.785.994	1.441.332.517

Anhang B: Steuerszenario

B1

Jahr	Kraftstoffpreis ohne Steuer, in Cent pro Gallone	Kraftstoffpreis mit 33 Cent Steuer, in Cent pro Gallone	MPG Altwagenflotte[19]	MPG PKW Neuwagen[20]	MPG KLW Neuwagen	Hilfsspalte	Durchschnittlich gefahrene Meilen bei Elastizität von -0,077[21]
Berechnung	A_i	$B_1=A_1+3$; $B_i=B_{i-1}+3$	C_i	D_i	E_i	F_i	$G_i=(-0,077*((B_i-A_i)/A_i)*(F_i)+F_i$
2010	280,6	283,60	17,2	27,5	22,5	12.016	12.006
2011	280,6	286,60	17,2	27,5	22,5	G 2010	11.986
2012	280,6	289,60	17,2	27,5	22,5	G 2011	11.958
2013	280,6	292,60	17,2	27,5	22,5	G 2012	11.917
2014	280,6	295,60	17,2	27,5	22,5	G 2013	11.868
2015	280,6	298,60	17,2	27,5	22,5	G 2014	11.810
2016	280,6	301,60	17,2	27,5	22,5	G 2015	11.742
2017	280,6	304,60	17,2	27,5	22,5	G 2016	11.664
2018	280,6	307,60	17,2	27,5	22,5	G 2017	11.578
2019	280,6	310,60	17,2	27,5	22,5	G 2018	11.483
2020	280,6	313,60	17,2	27,5	22,5	G 2019	11.379

[19] Quelle: (Energy Information Administration EIA, 2009c)
[20] Quelle: (National Highway Traffic Safety Administration, 2009b)
[21] Quelle: (Hughes u. a., 2007)

B2

Jahr	Kraftstoffpreis ohne Steuer, in Cent pro Gallone	Kraftstoffpreis mit 74 Cent Steuer, in Cent pro Gallone	MPG Altwagenflotte	MPG PKW Neuwagen	MPG KLW Neuwagen	Hilfsspalte	Durchschnittlich gefahrene Meilen bei Elastizität von -0,077
Berechnung	H_i	$I_1=H_1+6{,}727$; $I_i=H_{-1}+6{,}727$	J_i	K_i	L_i	M_i	$N_i=(-0{,}077*((I_i-H_i)/H_i)*(M_i)+M_i$
2010	280,6	287,33	17,2	27,5	22,5	12016	11.994
2011	280,6	294,05	17,2	27,5	22,5	N 2010	11.950
2012	280,6	300,78	17,2	27,5	22,5	N 2011	11.883
2013	280,6	307,51	17,2	27,5	22,5	N 2012	11.796
2014	280,6	314,24	17,2	27,5	22,5	N 2013	11.687
2015	280,6	320,96	17,2	27,5	22,5	N 2014	11.557
2016	280,6	327,69	17,2	27,5	22,5	N 2015	11.408
2017	280,6	334,42	17,2	27,5	22,5	N 2016	11.239
2018	280,6	341,14	17,2	27,5	22,5	N 2017	11.053
2019	280,6	347,87	17,2	27,5	22,5	N 2018	10.849
2020	280,6	354,60	17,2	27,5	22,5	N 2019	10.628

B3

Jahr	Kraftstoffpreis ohne Steuer, in Cent pro Gallone	Kraftstoffpreis mit 137 Cent Steuer, in Cent pro Gallone	MPG Altwagenflotte	MPG PKW Neuwagen	MPG KLW Neuwagen	Hilfsspalte	Durchschnittlich gefahrene Meilen bei Elastizität von -0,077
Berechnung	O_i	$P_1=O_1+12{,}454$; $P_i=O_{i-1}+12{,}454$	Q_i	R_i	S_i	T_i	$U_i=(-0{,}077*((P_i-O_i)/O_i)*(T_i)+T_i$
2010	280,6	293,05	17,2	27,5	22,5	12.016	11.975
2011	280,6	305,51	17,2	27,5	22,5	U 2010	11.893
2012	280,6	317,96	17,2	27,5	22,5	U 2011	11.771
2013	280,6	330,42	17,2	27,5	22,5	U 2012	11.610
2014	280,6	342,87	17,2	27,5	22,5	U 2013	11.412
2015	280,6	355,32	17,2	27,5	22,5	U 2014	11.178
2016	280,6	367,78	17,2	27,5	22,5	U 2015	10.910
2017	280,6	380,23	17,2	27,5	22,5	U 2016	10.612
2018	280,6	392,69	17,2	27,5	22,5	U 2017	10.286
2019	280,6	405,14	17,2	27,5	22,5	U 2018	9.934
2020	280,6	417,59	17,2	27,5	22,5	U 2019	9.561

113

B4

Jahr	Registrierte Kraftfahrzeuge[22]	Fahrzeuge der PKW Neuwagenflotte	Fahrzeuge der KLW Neuwagenflotte	Akkumulierte Neuwagenflotte	Fahrzeuge der Altwagenflotte
Berechnung	V_i	$W_i=(V_i*0,06)*0,5$	$X_i=(V_i*0,06)+0,5$	$Y_i=SUMME(W_1:W_i)+SUMME(X_1:X_i)$	$Z_i=V_i-Y_i$
2010	263.698.050	7.910.942	7.910.942	15.821.883	247.876.167
2011	266.247.200	7.987.416	7.987.416	31.796.715	234.450.485
2012	286.826.100	8.064.783	8.064.783	47.926.281	220.899.819
2013	271.430.500	8.142.915	8.142.915	64.212.111	207.218.389
2014	274.059.550	8.221.787	8.221.787	80.655.684	193.403.866
2015	276.709.000	8.301.270	8.301.270	97.258.224	179.450.776
2016	279.376.300	8.381.289	8.381.289	114.020.802	165.355.498
2017	282.058.050	8.461.742	8.461.742	130.944.285	151.113.765
2018	284.754.250	8.542.628	8.542.628	148.029.540	136.724.710
2019	287.461.500	8.623.845	8.623.845	165.277.230	122.184.270
2020	290.178.950	8.705.369	8.705.369	182.687.967	107.490.983

[22] Eigene Projektion beruhend auf der Bevölkerungsentwicklung prognostiziert von (U.S. Census Bureau, 2008)

B5

Jahr	Durchschnittlicher Kraftstoffverbrauch pro Fahrzeug Altwagenflotte, in Gallonen, bei 33 Cent Steuer	Durchschnittlicher Kraftstoffverbrauch pro PKW der Neuwagenflotte, in Gallonen, bei 33 Cent Steuer	Durchschnittlicher Kraftstoffverbrauch pro KLW der Neuwagenflotte, in Gallonen, bei 33 Cent Steuer	Kraftstoffverbrauch der Altwagenflotte, in Gallonen, bei 33 Cent Steuer	Kraftstoffverbrauch PKW Neuwagen, in Gallonen, bei 33 Cent Steuer	Kraftstoffverbrauch KLW Neuwagen, in Gallonen, bei 33 Cent Steuer	Kraftstoffverbrauch der gesamten Fahrzeugflotte, in Gallonen, bei 33 Cent Steuer
Berechnung	$AA_i=G_i/C_i$	$AB_i=G_i/D_i$	$AC_i=G_i/E_i$	$AD_i=AA_i*Z_i$	$AE_i=AB_i*W_i$	$AF_i=AC_i*X_i$	$AG_i=AD_i+\text{SUMME}(AE_1:AE_i)+\text{SUMME}(AF_1:AF_i)$
2010	698,03	436,59	533,60	173.024.885.519	3.453.804.291	4.221.316.356	180.700.006.166
2011	696,88	435,87	532,73	163.383.912.304	3.481.450.404	4.255.106.050	178.795.589.406
2012	695,16	434,79	531,41	153.560.532.217	3.506.490.672	4.285.710.822	176.764.410.813
2013	692,87	433,36	529,66	143.575.413.105	3.528.803.179	4.312.981.663	174.621.076.543
2014	690,02	431,57	527,48	133.452.160.546	3.548.316.954	4.336.831.832	172.382.972.771
2015	686,61	429,44	524,88	123.212.656.889	3.564.923.991	4.357.129.322	170.065.522.426
2016	682,65	426,97	521,85	112.880.440.324	3.578.546.167	4.373.778.648	167.685.630.676
2017	678,16	424,16	518,41	102.478.888.602	3.589.102.716	4.386.681.097	165.259.862.767
2018	673,13	421,01	514,57	92.033.867.081	3.596.564.740	4.395.801.349	162.807.207.335
2019	667,59	417,55	510,34	81.569.141.650	3.600.868.727	4.401.061.777	160.344.412.408
2020	661,55	413,77	505,71	71.110.202.959	3.601.992.435	4.402.435.198	157.889.901.351

B6

Jahr	Durchschnittlicher Kraftstoffverbrauch pro Fahrzeug Altwagenflotte, in Gallonen, bei 74 Cent Steuer	Durchschnittlicher Kraftstoffverbrauch pro PKW der Neuwagenflotte, in Gallonen, bei 74 Cent Steuer	Durchschnittlicher Kraftstoffverbrauch pro KLW der Neuwagenflotte, in Gallonen, bei 74 Cent Steuer	Kraftstoffverbrauch der Altwagenflotte, in Gallonen, bei 74 Cent Steuer	Kraftstoffverbrauch PKW Neuwagen, in Gallonen, bei 74 Cent Steuer	Kraftstoffverbrauch KLW Neuwagen, in Gallonen, bei 74 Cent Steuer	**Kraftstoffverbrauch der gesamten Fahrzeugflotte,** in Gallonen, bei 74 Cent Steuer
Berechnung	$AH_i=N_i/J_i$	$AI_i=N_i/K_i$	$AJ_i=N_i/L_i$	$AK_i=AH_i*Z_i$	$AL_i=AI_i*W_i$	$AM_i=AJ_i*X_i$	$AN_i=AK_i+SUMME(AL_1:AL_i)+SUMME(AM_1:AM_i)$
2010	697,32	436,14	533,06	172.847.781.386	3.450.269.060	4.216.995.517	180.515.045.963
2011	694,74	434,53	531,09	162.882.271.551	3.470.761.241	4.242.041.516	178.262.338.885
2012	690,89	432,12	528,15	152.618.181.588	3.484.972.489	4.259.410.820	175.742.632.231
2013	685,79	428,93	524,25	142.108.656.183	3.492.753.159	4.268.920.528	172.994.780.513
2014	679,46	424,97	519,41	131.410.572.034	3.494.033.808	4.270.485.765	170.061.215.937
2015	671,94	420,27	513,66	120.579.503.984	3.488.738.717	4.264.013.988	166.982.900.592
2016	663,25	414,84	507,02	109.672.655.403	3.476.852.672	4.249.486.599	163.802.391.283
2017	653,46	408,71	499,53	98.746.648.074	3.458.389.017	4.226.919.909	160.561.692.880
2018	642,60	401,92	491,23	87.859.654.325	3.433.441.893	4.196.428.980	157.304.570.005
2019	630,74	394,50	482,17	77.066.549.756	3.402.101.865	4.158.124.501	154.071.691.802
2020	617,93	386,49	472,38	66.422.199.087	3.364.527.855	4.112.200.712	150.904.069.699

B7

Jahr	Durchschnittlicher Kraftstoffverbrauch pro Fahrzeug Altwagenflotte, in Gallonen, bei 137 Cent Steuer	Durchschnittlicher Kraftstoffverbrauch pro PKW der Neuwagenflotte, in Gallonen, bei 137 Cent Steuer	Durchschnittlicher Kraftstoffverbrauch pro KLW der Neuwagenflotte, in Gallonen, bei 137 Cent Steuer	Kraftstoffverbrauch der Altwagenflotte, in Gallonen, bei 137 Cent Steuer	Kraftstoffverbrauch PKW Neuwagen, in Gallonen, bei 137 Cent Steuer	Kraftstoffverbrauch KLW Neuwagen, in Gallonen, bei 137 Cent Steuer	Kraftstoffverbrauch der gesamten Fahrzeugflotte, in Gallonen, bei 137 Cent Steuer
Berechnung	$AO_i = U_i/Q_i$	$AP_i = U_i/R_i$	$AQ_i = U_i/S_i$	$AR_i = AO_i \cdot Z_i$	$AS_i = AP_i \cdot W_i$	$AT_i = AQ_i \cdot X_i$	$AU_i = AR_i + SUMME(AS_1:AS_i) + SUMME(AT_1:AT_i)$
2010	696,22	435,45	532,22	172.575.638.813	3.444.836.736	4.210.356.011	180.230.831.560
2011	691,46	432,48	528,58	162.112.773.567	3.454.364.467	4.222.001.015	177.444.331.795
2012	684,37	428,04	523,16	151.177.040.416	3.452.064.632	4.219.190.105	174.179.853.381
2013	675,01	422,19	516,01	139.875.279.569	3.437.861.125	4.201.830.264	170.517.783.924
2014	663,48	414,98	507,19	128.319.489.963	3.411.846.012	4.170.034.015	166.543.874.344
2015	649,87	406,47	496,79	116.620.518.148	3.374.192.988	4.124.013.653	162.343.109.170
2016	634,33	396,74	484,91	104.889.613.254	3.325.220.227	4.064.158.056	158.001.582.559
2017	616,99	385,90	471,65	93.234.969.128	3.265.354.313	3.990.988.605	153.603.281.351
2018	598,01	374,03	457,14	81.762.499.110	3.195.172.937	3.905.211.367	149.231.195.637
2019	577,57	361,24	441,52	70.570.105.637	3.115.316.421	3.807.608.959	144.961.727.545
2020	555,86	347,66	424,92	59.749.788.140	3.026.545.783	3.699.111.512	140.867.067.342

117

B8

Jahr	CO2-Ausstoß der gesamten Fahrzeugflotte, in Tonnen, bei 33 Cent Steuer	CO2-Ausstoß der gesamten Fahrzeugflotte, in Tonnen, bei 74 Cent Steuer	CO2-Ausstoß der gesamten Fahrzeugflotte, in Tonnen, bei 137 Cent Steuer
Berechnung	$AV_i=AG_i*0{,}0088$	$AW_i=AN_i*0{,}0088$	$AX_i=AU_i*0{,}0088$
2010	1.590.160.054	1.588.532.404	1.586.031.318
2011	1.573.401.187	1.568.708.582	1.561.510.120
2012	1.555.526.815	1.546.535.164	1.532.782.710
2013	1.536.665.474	1.522.354.069	1.500.556.499
2014	1.516.970.160	1.496.538.700	1.465.586.094
2015	1.496.576.597	1.469.449.525	1.428.619.361
2016	1.475.633.550	1.441.461.043	1.390.413.927
2017	1.454.286.792	1.412.942.897	1.351.708.876
2018	1.432.703.425	1.384.280.216	1.313.234.522
2019	1.411.030.829	1.355.830.888	1.275.663.202
2020	1.389.431.132	1.327.955.813	1.239.630.193

Anhang C: CAFE-Szenario

C1

Jahr	Durchschnittlich gefahrene Meilen pro Jahr[23]	MPG Altwagenflotte[24]	MPG PKW Neuwagen[25]	MPG KLW Neuwagen[26]	Durchschnittlicher Kraftstoffverbrauch pro Fahrzeug der Altwagenflotte, in Gallonen	Durchschnittlicher Kraftstoffverbrauch pro PKW der Neuwagenflotte, in Gallonen	Durchschnittlicher Kraftstoffverbrauch pro KLW der Neuwagenflotte, in Gallonen
Berechnung	A_i	B_i	C_i	D_i	$E_i = A_i/B_i$	$F_i = A_i/C_i$	$G_i = A_i/D_i$
2010	12.016	17,2	27,5	23,5	698,6	436,95	511,32
2011	12.016	17,2	28,5	24,5	698,6	421,61	490,45
2012	12.016	17,2	29,5	25,5	698,6	407,32	471,22
2013	12.016	17,2	30,5	26,5	698,6	393,97	453,43
2014	12.016	17,2	31,5	27,5	698,6	381,46	436,95
2015	12.016	17,2	32,5	28,5	698,6	369,72	421,61
2016	12.016	17,2	33,5	29,5	698,6	358,69	407,32
2017	12.016	17,2	34,5	30,5	698,6	348,29	393,97
2018	12.016	17,2	35,5	31,5	698,6	338,48	381,46
2019	12.016	17,2	36,5	32,5	698,6	329,21	369,72
2020	12.016	17,2	37,5	33,5	698,6	320,43	358,69

[23] Quelle: (Energy Information Administration EIA, 2009c)
[24] Quelle: (Energy Information Administration EIA, 2009c)
[25] Eigene Projektion: Steigerung um 1 MPG pro Jahr
[26] Eigene Projektion: Steigerung um 1 MPG pro Jahr

119

C2

Jahr	Registrierte Kraftfahrzeuge[27]	Fahrzeuge der Neuwagenflotte insgesamt	Fahrzeuge der PKW Neuwagenflotte	Fahrzeuge der KLW Neuwagenflotte	Akkumulierte Neuwagenflotte	Fahrzeuge der Altwagenflotte
Berechnung	H_i	$I_i = H_i * 0{,}06$	$J_i = I_i * 0{,}5$	$K_i = I_i * 0{,}5$	$L_i = SUMME(I_1{:}I_i)$	$M_i = H_i - L_i$
2010	263.698.050	15.821.883	7.910.942	7.910.942	15.821.883	247.876.167
2011	266.247.200	15.974.832	7.987.416	7.987.416	31.796.715	234.450.485
2012	286.826.100	16.129.566	8.064.783	8.064.783	47.926.281	220.899.819
2013	271.430.500	16.285.830	8.142.915	8.142.915	64.212.111	207.218.389
2014	274.059.550	16.443.573	8.221.787	8.221.787	80.655.684	193.403.866
2015	276.709.000	16.602.540	8.301.270	8.301.270	97.258.224	179.450.776
2016	279.376.300	16.762.578	8.381.289	8.381.289	114.020.802	165.355.498
2017	282.058.050	16.923.483	8.461.742	8.461.742	130.944.285	151.113.765
2018	284.754.250	17.085.255	8.542.628	8.542.628	148.029.540	136.724.710
2019	287.461.500	17.247.690	8.623.845	8.623.845	165.277.230	122.184.270
2020	290.178.950	17.410.737	8.705.369	8.705.369	182.687.967	107.490.983

[27] Eigene Projektion beruhend auf der Bevölkerungsentwicklung prognostiziert von (U.S. Census Bureau, 2008)

C3

Jahr	Kraftstoffverbrauch der Altwagenflotte, in Gallonen	Kraftstoffverbrauch PKW Neuwagen, in Gallonen	Kraftstoffverbrauch KLW Neuwagen, in Gallonen	Kraftstoffverbrauch der gesamten Fahrzeugflotte, in Gallonen	CO2-Ausstoß der gesamten Fahrzeugflotte, in Tonnen
Berechnung	$N_i=E_i*M_i$	$O_i=F_i*J_i$	$P_i=G_i*K_i$	$Q_i=N_i+SUMME(O_1:O_i)+$ $SUMME(P_1:P_i)$	$R_i=Q_i*0,0088$
2010	173.167.443.179	3.456.649.930	4.045.015.875	180.669.108.983	1.589.888.159
2011	163.788.199.288	3.367.606.690	3.917.420.027	178.574.891.809	1.571.459.048
2012	154.321.640.994	3.284.963.815	3.800.252.256	176.193.549.586	1.550.503.236
2013	144.763.730.362	3.208.041.529	3.692.274.213	173.535.954.696	1.527.116.401
2014	135.112.840.340	3.136.285.288	3.592.472.239	170.613.822.202	1.501.401.635
2015	125.365.146.768	3.069.171.087	3.499.931.941	167.435.231.658	1.473.430.039
2016	115.518.119.998	3.006.255.780	3.413.883.682	164.008.344.349	1.443.273.430
2017	105.568.779.084	2.947.138.721	3.333.648.717	160.339.790.873	1.410.990.160
2018	95.516.518.335	2.891.498.931	3.258.673.398	156.437.702.452	1.376.651.782
2019	85.358.499.321	2.839.017.028	3.188.434.508	152.307.134.975	1.340.302.788
2020	75.093.700.682	2.789.432.211	3.122.498.743	147.954.267.289	1.301.997.552

Anhang D: Benzin- und Dieselsteuer in den USA

D1

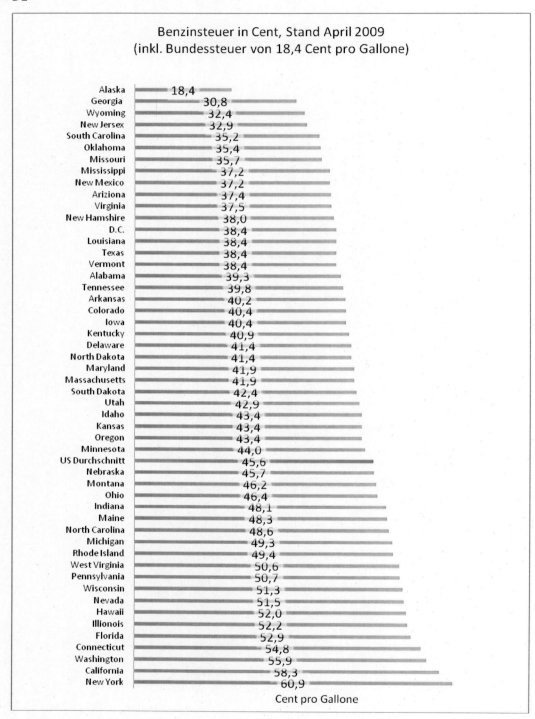

Benzinsteuer in Cent, Stand April 2009
(inkl. Bundessteuer von 18,4 Cent pro Gallone)

Bundesstaat	Cent pro Gallone
Alaska	18,4
Georgia	30,8
Wyoming	32,4
New Jersex	32,9
South Carolina	35,2
Oklahoma	35,4
Missouri	35,7
Mississippi	37,2
New Mexico	37,2
Ariziona	37,4
Virginia	37,5
New Hamshire	38,0
D.C.	38,4
Louisiana	38,4
Texas	38,4
Vermont	38,4
Alabama	39,3
Tennessee	39,8
Arkansas	40,2
Colorado	40,4
Iowa	40,4
Kentucky	40,9
Delaware	41,4
North Dakota	41,4
Maryland	41,9
Massachusetts	41,9
South Dakota	42,4
Utah	42,9
Idaho	43,4
Kansas	43,4
Oregon	43,4
Minnesota	44,0
US Durchschnitt	45,6
Nebraska	45,7
Montana	46,2
Ohio	46,4
Indiana	48,1
Maine	48,3
North Carolina	48,6
Michigan	49,3
Rhode Island	49,4
West Virginia	50,6
Pennsylvania	50,7
Wisconsin	51,3
Nevada	51,5
Hawaii	52,0
Illionois	52,2
Florida	52,9
Connecticut	54,8
Washington	55,9
California	58,3
New York	60,9

Cent pro Gallone

Quelle: (American Petroleum Institute, 2009)

Dieselsteuer in Cent, Stand April 2009
(inkl. Bundessteuer von 24,4 Cent pro Gallone)

Staat	Cent pro Gallone
Alaska	24,4
Oklahoma	38,4
Wyoming	38,4
Georgia	39,1
South Carolina	41,2
Missouri	41,7
New Jersey	41,9
Tennessee	42,8
Mississippi	43,2
Arizona	43,4
Virginia	43,7
Kentucky	43,9
New Hamshire	44
D.C.	44,4
Louisiana	44,4
Texas	44,4
Colorado	44,9
Alabama	46,3
Delaware	46,4
New Mexico	47,2
Arkansas	47,2
North Dakota	47,4
Iowa	47,9
Massachusetts	47,9
South Dakota	48,4
Maryland	48,7
Oregon	48,7
Utah	48,9
Idaho	49,4
Minnesota	50
Vermont	50,4
US Durchschnitt	50,8
Kansas	51,4
Nebraska	51,7
Ohio	52,4
Michigan	52,5
Montana	53
Nevada	53
Florida	54,2
North Carolina	54,6
Rhode Island	55,4
Maine	55,5
West Virginia	56,5
Wisconsin	57,3
Illinois	61,6
Washington	61,9
Indiana	63,4
Pennsylvania	63,6
California	65
New York	67
Connecticut	67,8
Hawaii	70,5

Cent pro Gallone

Quelle: (American Petroleum Institute, 2009)

Anhang E: Nominaler und realer Benzinpreis, 1970-2007

Jahr	Nominaler Benzinpreis; Cent pro Gallone	CPI-U, 1982-84=1	CPI-U, 2007=1	Realer Benzinpreis; Cent pro Gallone (2007 USD)
1970	35,69	0,388	0,187	190,7
1971	36,43	0,405	0,195	186,5
1972	36,13	0,375	0,181	200,0
1973	38,72	0,443	0,214	181,3
1974	52,41	0,493	0,238	220,4
1975	57,22	0,538	0,259	220,5
1976	59,47	0,569	0,274	216,7
1977	62,00	0,606	0,292	212,1
1978	63,00	0,652	0,314	200,3
1979	86,00	0,726	0,350	245,6
1980	124,50	0,824	0,397	313,3
1981	137,80	0,909	0,438	314,3
1982	125,85	0,965	0,465	270,4
1983	120,43	0,996	0,480	250,7
1984	117,56	1,039	0,501	234,7
1985	116,50	1,076	0,519	224,5
1986	88,97	1,097	0,529	168,2
1987	91,08	1,136	0,548	166,3
1988	90,86	1,183	0,571	159,3
1989	98,48	1,240	0,598	164,7
1990	112,75	1,307	0,630	178,9
1991	110,31	1,362	0,657	167,9
1992	108,61	1,403	0,677	160,5
1993	106,69	1,441	0,695	153,5
1994	107,49	1,483	0,715	150,3
1995	110,93	1,525	0,736	150,8
1996	119,96	1,570	0,757	158,5
1997	119,97	1,605	0,774	154,9
1998	102,99	1,631	0,787	130,9
1999	113,54	1,667	0,804	141,2
2000	148,58	1,722	0,830	178,9
2001	142,61	1,771	0,854	167,0
2002	134,08	1,799	0,868	154,5
2003	155,90	1,840	0,887	175,7
2004	184,90	1,889	0,911	203,0
2005	226,80	1,953	0,942	240,8
2006	257,60	2,016	0,972	264,9
2007	280,60	2,073	1,000	280,6

Quelle: (Energy Information Administration EIA, 2009j)